Paul Bonatz
Wohnhäuser

Matthias Roser

Paul Bonatz
Wohnhäuser

Verlag Gerd Hatje

© 1992 by Verlag Gerd Hatje, Stuttgart
ISBN 3775703055

Gesamtherstellung:
Graphische Betriebe Eberl GmbH, Immenstadt/Allgäu
Reproduktionen:
Carl Kühnle KG, Ostfildern 2 – Nellingen
Umschlaggestaltung: Peter Steiner

Die Drucklegung dieser Publikation erfolgte mit
Unterstützung der Rudolf Siedersleben'schen
Otto Wolff-Stiftung, Köln

Inhalt

Vorwort 7
Einleitung 9

Die Wohnhäuser
Haus Nill, Stuttgart, 1905–06 30
Haus Bonatz I, Stuttgart, 1906–07 31
Haus Colsman, Friedrichshafen, 1909–10 32
Haus Bonatz II, Stuttgart 33
Haus Kopp, Stuttgart, 1911–12 36
Haus Kleinschmit von Lengefeld, Korbach, 1920 37
Haus Fritz Roser, Stuttgart, 1914–22 38
Haus Vorster, Köln, 1921–22 42
Haus Luz, Stuttgart, 1921–22 44
Haus Müller, Köln, 1921–24 45
Haus Bonatz III, Stuttgart, 1921–22 46
Haus St. Georgenhof, Pfronstetten, 1922 48
Haus Herstatt, Köln, 1922–23 49
Haus Strenger, Köln, 1922–23 50
Haus Henkell, Berlin-Dahlem, 1922–23 51
Haus Porsche, Stuttgart, 1923–24 52
Haus Hassler, Schaffhausen, 1923–24 53
Haus Hans Roser, Stuttgart, 1923–24 54
Haus Vischer, Ludwigsburg, 1923–24 55
Haus Liebrecht, Hannover, 1923–24 56
Haus Scheibler, Köln, 1923–25 58
Entwurf für ein großes Wohnhaus, Köln, 1923 59
Haus Arntzen, Köln, 1923–26 60
Haus Dreifus, Stuttgart, 1924–26 62
Entwurf für das Haus einer alleinstehenden Dame, 1925 63
Haus Hornschuch, Kulmbach, 1924–25 64
Entwurf für das Haus S., bei Düsseldorf, um 1925 66
Haus Eberspächer, Esslingen, 1925–26 67
Haus Bühler, Göppingen, 1925–27 68
Haus Bauer, Stuttgart, 1925–26 70
Haus Hahn, Stuttgart, 1926–27 72
Haus Springorum, Dortmund, 1927–28 74
Haus E., 1927–28 75
Haus Woernle, Stuttgart, 1928–29 76
Haus C., 1930–34 77
Haus Bonatz-Reichert, Stuttgart, 1930–31 78
Haus Madelung, Gerlingen, 1932–33 79
Haus Hoffmann, Gerlingen, 1934–35 80
Entwurf für das Haus Scheufelen, Stuttgart, 1934–35 81
Ferienhaus Bonatz, Oberstdorf, 1935–36 82
Haus Heine, Potsdam-Babelsberg, 1936–37 83
Schloß von der Schulenburg, Neumühle, 1938–43 84
Haus Süren, Istanbul-Bebek, 1954–55 86
Entwurf für das Haus Ozan, Istanbul-Bebek, 1954–55 87

Schematische Grundrisse 88
Biographie Paul Bonatz 92
Quellen 93
Literatur 93
Biographie Matthias Roser 95

Vorwort

Paul Bonatz ist der vielleicht ›schillerndste‹ deutsche Architekt im zwanzigsten Jahrhundert. Wie kein anderer bewegt er sich sowohl mit seinen Bauten als auch mit seiner Haltung zwischen und innerhalb aller Gruppierungen. Er ist der glänzende Historist, der sich an die Spitze von Architekturmoden setzt und schon in jungen Jahren einen Wettbewerb nach dem anderen gewinnt. Er ist aber auch der nach Neuem Suchende, der manchmal selbst Avantgardisten verblüfft. Vom Kaiserreich über die Weimarer Republik und den Nationalsozialismus bis zum Wiederaufbau der Adenauer-Zeit, Paul Bonatz ist quer durch alle Systeme und Anschauungen immer dabei, wenn er nur bauen kann.
Mit einem so vielgesichtigen Architekten, der die Entwicklung deutscher Geschichte im zwanzigsten Jahrhundert wie kaum ein anderer spiegelt, hat sich die Architekturgeschichte bisher schwer getan. Außer Bonatz' eigener Biographie liegt keine Buchveröffentlichung seit 1945 über ihn vor. Mit der Arbeit von Matthias Roser wird erstmals die fundierte Dokumentation eines Ausschnitts von Bonatz' Schaffen vorgelegt. Wenn die Quellen zu allen übrigen Bereichen seines Werks einmal in dieser Form aufgearbeitet sein werden, kann auch der Architekt Paul Bonatz gerecht dargestellt und in die Architektur des zwanzigsten Jahrhunderts eingeordnet werden.

Winfried Nerdinger

»Dem Wohnhaus Wärme und Ruhe und Heimatgefühl...«

Paul Bonatz

Einleitung

Der Name Paul Bonatz fiel in meiner Familie immer wieder. Die Großeltern wohnten in einem Haus dieses Architekten. In meiner Magister-Arbeit beschäftigte ich mich mit dem Stuttgarter Hauptbahnhof, über den er rückblickend sagte:

»Der Bau des Bahnhofs in Stuttgart ist für meine Entwicklung als Baumeister das wichtigste Kapitel.«

In zähem Ringen gelangte Bonatz dabei über viele Zwischenstufen vom Wettbewerbsentwurf zur endgültigen Fassung, die das Ergebnis ständiger Vereinfachung ist. Hier hat der Architekt gelernt, unvoreingenommen aus den Bedürfnissen eine einfache und klare Lösung von Bestand zu entwickeln. Das Thema des vorliegenden Buches ergab sich, weil die Wohnhäuser Bonatz sein Leben lang beschäftigten und parallel zu großen Bauprojekten entstanden. Herrschten bei Aufträgen wie dem Stuttgarter Hauptbahnhof äußere Sachzwänge vor, konnte sich in den Häusern mehr von Bonatz' Eigenart niederschlagen. Es war daher zu hoffen, daß die Wohnhäuser bei näherer Betrachtung etwas von der Entwicklung und dem Wollen des Architekten preisgeben würden. Meine Neugier wurde durch die Aussage von Bonatz verstärkt:

»Ich habe mich nie einer Richtung verschrieben.«

Gab es also keine Gemeinsamkeiten zwischen den zahlreichen Häusern? Auf jeden Fall versprach dieses Bekenntnis große Vielfalt, und darin hoffte ich, der Eigenart von Bonatz näherzukommen. Das galt natürlich besonders für seine vier eigenen Häuser.

Die Annahme, daß die Quellenlage kurz nach dem Tod des Architekten gut sei, konnte nicht lange aufrechterhalten werden. Das Bürohaus von Bonatz wurde 1944 zerstört und mit ihm ein großer Teil der Unterlagen. Außerdem ist von ihm der bezeichnende Satz überliefert: »Der Papierkorb ist meine Registratur.«

Der jetzige Nachlaß des Architekten ist daher ein zufälliger Bestand an Briefen, Vorträgen, Zeitungsartikeln und Zeitschriftenaufsätzen sowie an Fotos, Plänen und Skizzen. Eine wertvolle Arbeitsgrundlage bietet die Autobiographie *Leben und Bauen*. Überraschend schwierig war die Quellenlage bei manchen Häusern. Jeder Generations- oder Besitzerwechsel birgt ein Verlustrisiko in sich. Wie wichtig ein Brief unter hunderten sein kann, hat sich im Falle des Hauses Heine in Potsdam gezeigt. Von dessen Existenz zeugte nur ein einziger Brief im Nachlaß Bonatz. Die Quellenlage ist auch insofern schwierig, als die ehemaligen Mitarbeiter, Schüler, Freunde und Verwandte von Bonatz sowie die Bauherren beziehungsweise deren Kinder alle in fortgeschrittenem Alter oder bereits verstorben sind. Daher liegt der Schwerpunkt dieses Buches auf dem stichhaltigen und möglichst vollständigen Katalog. Da das Thema viel Anschauung verlangt, muß er parallel zum Text benutzt werden. Am Anfang der Arbeit steht ein Kapitel, das sich mit dem Gegenstand befaßt. In den folgenden Kapiteln wird der Frage nachgegangen, wie über die Häuser geschrieben wurde und welches Verhältnis ihre Bauherren oder heutigen Besitzer zu ihnen haben. Es wird versucht, die Entstehung und den Charakter der Häuser herauszuarbeiten. Der Schluß ist ihrer Einordnung im Gesamtwerk von Bonatz sowie in eine der vorherrschenden ›Richtungen‹ im Wohnhausbau gewidmet und zeigt Perspektiven für weitere Untersuchungen auf.

Mein Dank gilt: Prof. Dr. Heinrich Dilly, Dipl.-Ing. Peter Dübbers, Dr. Hans Pfeiffer, den ehemaligen Mitarbeitern, Schülern, Freunden und Verwandten des Architekten, den Hausbesitzern sowie den Mitarbeitern verschiedener Baubehörden und Archive, die meine Arbeit unterstützt haben.

Zum Begriff ›Wohnhaus‹

Eine genaue Eingrenzung des Themas ist notwendig, da der Begriff ›Wohnhaus‹ weit gefaßt werden kann und Bonatz sehr unterschiedliche Wohnhäuser gebaut hat, die kaum miteinander zu vergleichen sind. Das Spektrum reicht vom Mehrfamilienhaus über das große Mietshaus bis hin zur ganzen Siedlung. Im Mittelpunkt des vorliegenden Buches stehen die unter seinen Wohnbauten vorherrschenden Privathäuser.

Untersucht man Standardwerke über Wohnhäuser oder allgemeine Kunstgeschichten auf die verwendeten Bezeichnungen hin, so ergibt sich, daß vergleichbare Häuser, gelegentlich sogar von ein und demselben Verfasser, verschieden bezeichnet werden: »Haus, Landhaus, Wohnhaus, Einfamilienhaus, Villa, Stadtvilla, Herrenhaus und Stadthaus«.[1] Eine klare Typologie erstellte Hermann Sörgel in der 1927 erschienenen zweiten Auflage des Handbuchs der Architektur. Er unterscheidet drei Grundtypen voneinander: »Kleinhaus, Miethaus, Herrschaftshaus«.[2] Das »Herrschaftshaus« unterteilt er in »Bauten kleineren Umfangs, Bauten größeren Umfangs sowie Guts- und Schloßbauten«. Über das »Herrschaftshaus« sagt Sörgel, daß es nicht nur die Grundbedürfnisse seiner Bewohner befriedige, sondern auch »höheren Ansprüchen« gerecht werde. So werde ein Badezimmer als selbstverständlich angesehen. Ein solches Haus definiert er also nach Größe und Komfort. Daher ist ein »Herrschaftshaus« individueller ausgebildet als der Kleinhaustyp.

Zusammenfassend läßt sich feststellen, daß der Haustyp, um den es sich hier handelt, individuell in seiner Gestaltung ist, hohen Ansprüchen genügt und daher auch Wohnraum für Hausangestellte beinhaltet. Eine restlos klare und befriedigende Grenzziehung ist aber nicht möglich. So fällt zwar das Haus Bonatz-Reichert in den gesteckten Rahmen, jedoch wird man zögern, es ohne weiteres als »Herrschaftshaus« zu bezeichnen, nur weil ständig eine Hausangestellte in ihm lebte (S. 78). Sörgel empfindet schon 1927 den von ihm verwendeten Begriff »Herrschaftshaus« als unzeitgemäß. Er wählt ihn dennoch »wegen seiner unterscheidenden Kürze«. Heute ist dieser Begriff nicht nur unzeitgemäß, sondern auch, im Gegensatz zu den zwanziger Jahren, inhaltlich insofern überholt, als es selbst bei aufwendigen neuen Wohnhäusern nur noch selten Wohnräume für Hausangestellte gibt. Die großbürgerliche Zeit, in der es die ›Herrschaft‹ und die ›Dienerschaft‹ gab, gehört der Vergangenheit an. Geschichtlich jedoch trifft der Begriff ›Herrschaftshaus‹ genau auf den zu untersuchenden Haustyp zu.[3]

Im folgenden handelt es sich um Ein- und Zweifamilienhäuser, Doppelhäuser, ein Ferienhaus, ländliche Wohnhäuser, ein Schloß und verschiedene unausgeführte Entwürfe. In den meisten Fällen gelang es, die Berufsbezeichnung der Bauherren im Katalog anzugeben. Die mit Abstand größte Gruppe bilden die Fabrikanten und Direktoren. Aber auch die anderen Bauherren gehören fast ausnahmslos dem gehobenen Bürgertum an. Dreimal erscheinen Frauen in dieser sonst von Männern bestimmten Liste. Auch die soziale Stellung der meisten Bauherren bestätigt also den geschichtlichen Begriff ›Herrschaftshaus‹.[4]

Reaktionen

Die Mehrzahl der Veröffentlichungen über Bonatz-Häuser beschränkt sich auf kurze Beschreibungen und versucht, den Charakter der einzelnen Häuser mit wenigen Worten zu erfassen. Es wird dabei von »intim wirkend, anheimelnd, freundlichen Formen, gemütlich, repräsentativ, malerisch-idyllisch« und so weiter gesprochen.[5] Man betont auch die »organische Verbindung von Wohnhaus und Gartenanlage« oder den »Drang in die Breite«.[6] In einer wichtigen Publikation über das Haus Bonatz II, 1911, Stuttgart (S. 33–35), sagt Julius Baum, daß der Architekt sich damit von den herkömmlichen Bauten seiner Zeit absetze. Für diese Neugestaltung deutet Baum den Einfluß der englischen Hausarchitektur an.[7] Eine ausführliche Veröffentlichung über mehrere Bonatz-Häuser ergänzt diese Beurteilung dahingehend, daß die Anlehnung an die örtliche Tradition ein weiteres Merkmal sei.[8] Von besonderer Aussagekraft ist das Buch *Paul Bonatz, Arbeiten aus den Jahren 1907 bis 1937* von Fritz Tamms, einem engen Mitarbeiter von Bonatz. Darin heißt es:

> »Auch in der schlimmsten Zeit der Inflation und des Verfalls haben diese Bauten die enge Bindung an die Überlieferung nicht verlassen. Im einzelnen wie im ganzen zeigen sie eine an der Tradition geschulte Formensprache. Sie sind stets handwerklich klar und vernünftig konstruiert und durchgearbeitet bis zum letzten Profil, wirklich baumeisterliche Arbeiten! Daneben sind sie von großem räumlichem Reiz. Die klare Gliederung des Inneren in zusammengehörende Gruppen und deren Verbindung untereinander durch Hallen, Treppenhallen und Gartenräume und vor allem ihre enge Beziehung zu dem wichtigsten Raum, den ein Haus überhaupt aufweisen kann, dem Garten, machen sie alle zu wirklichen ›Wohn‹-Häusern, in denen man sich vom ersten Schritt an wohlfühlt. Um die unmittelbare Verbindung mit der umgebenden Natur zu erreichen, liegen die Wohnräume fast alle zu ebener Erde, so daß man zu jeder Tages- und Jahreszeit den Wohnraum in die grüne Umgebung ausdehnen oder die Natur durch die großen Fenstertüren in den Wohnraum hereinziehen kann. So stehen diese Häuser nicht beliebig auf dem beliebigen Bauplatz, sondern sind mit ihren Terrassen, ihren Gartenräumen, Rasenflächen, Rabatten und Hecken mit der Natur, zu der sie gehören, zu einem Ganzen fest verwachsen.«[9]

Von diesen Veröffentlichungen zu unterscheiden sind jene nach dem Zweiten Weltkrieg. An erster Stelle stehen die *Stuttgarter Beiträge* von 1977. Frank Werner bemüht sich in ihnen um eine Einordnung in die mittlerweile geschichtlichen Strömungen. Er faßt die bekannten Charakterisierungen zusammen, wenn er von »horizontalem Landschaftsbau« spricht, der »Einheit von Haus und Garten« oder dem harmonischen Einfügen in die Landschaft.[10] Darüber hinaus weist er auf die Vielgestaltigkeit der Bonatz-Häuser hin. Er greift drei Beispiele heraus. Beim Haus Fritz Roser, 1914, Stuttgart (S. 38–41), sieht er die Symmetrie im Mittelpunkt, der alles untergeordnet werde. Erste »Ansätze zur Überwindung der Diskrepanz zwischen Innerem und Äußerem« erkennt er beim Haus Bonatz III, 1921, Stuttgart (S. 46–47). Einen Rückschritt stellen für Werner die Kölner Häuser dar, bei denen Bonatz »den Verlockungen des Eklektischen und der völlig offenen Bauprogramme erlegen« sei.[11] Leonardo Benevolo und Wolfgang Pehnt erwähnen die Häuser nur am Rand und betonen ihre Anlehnung an die Tradition.[12] Wolfgang Voigt zieht sie heran, um zu zeigen, wie vielseitig das Gesamtwerk von Bonatz ist und wie schwierig seine Einordnung.[13]

Die große Zahl von Veröffentlichungen, meist in Fachzeitschriften, legt den Schluß nahe, es gäbe eine Diskussion über die Wohnhausbauten von Paul Bonatz. In Wirklichkeit handelt es sich bei den zeitgenössischen Veröffentlichungen aber meist um wohlwollende Schilderungen, die das Wohnliche und Behagliche der Häuser unterstreichen. Spätere Veröffentlichungen erwähnen die Häuser nur am Rand oder haben oft den Charakter von Gedenkartikeln. Grundlegend für die Bonatz-Forschung sind die zeitgenössischen Veröffentlichungen und die *Stuttgarter Beiträge*, die das vorläufige Werkverzeichnis von Peter Dübbers beinhalten.

Abriß und Wiederaufbau

Im folgenden wird der Geschichte der Bonatz-Häuser nach ihrer Vollendung nachgegangen. Der Architekt baut ein Haus für eine bestimmte Persönlichkeit, deren Vorstellungen die Planung wesentlich mitbestimmen. Dieser ›Bauherr‹ hat zu seinem Haus selbstverständlich eine andere Einstellung als der ›Besitzer‹, der ein fertiges Haus erwirbt. Der ›Besitzer‹ wird versuchen, das Haus seinen Vorstellungen gemäß umzugestalten, damit es ›sein‹ Haus werden kann. Diese Feststellung ist insofern wichtig, als sich die Hälfte aller Bonatz-Häuser heute nicht mehr im Besitz des Bauherrn oder seiner Nachfahren befindet.

Die Häuser Müller, 1921, und Scheibler, 1923, beide in Köln (S. 45, 58), wurden im Zweiten Weltkrieg schwer beschädigt und später abgerissen, obwohl ihr Wiederaufbau möglich gewesen wäre. Ohne Kriegsschäden abgerissen wurden die Häuser Henkell, 1922, Berlin, und Springorum, 1927, Dortmund (S. 51, 74), das letztere im Sommer 1986. Den anderen Weg, die Entscheidung für den Wiederaufbau, beschritten mehrere Eigentümer. Im einzelnen sieht der Wiederaufbau aber sehr verschieden aus. Bei den Häusern Nill, 1905, und Bonatz I, 1906, beide in Stuttgart (S. 30, 31), wurde auf eine

Anlehnung an den ursprünglichen Zustand verzichtet. Sie wirken heute wie Bauten aus der Nachkriegszeit. Beim Haus Bonatz II, 1911, Stuttgart (S. 33–35), gelang es dem ehemaligen Bonatz-Mitarbeiter Paul Darius, dem ursprünglichen Zustand etwas Vergleichbares im Stil der fünfziger Jahre entgegenzusetzen. Die Häuser Fritz Roser, 1914, Bonatz III, 1921, beide in Stuttgart, und Vorster, 1921, Köln (S. 38–41, 46–47, 42–43), weisen zwar Änderungen gegenüber dem Vorkiegszustand auf, nähern sich ihm aber im Gesamteindruck an.

Eine andere Einstellung äußert sich in nachträglichen Anbauten. Kaum ins Gewicht fällt dies bei den Häusern Colsman, 1909, Friedrichshafen, und Strenger, 1922, Köln (S. 32, 50). Paßt sich der Anbau beim Haus Vorster, 1921, in Material und Stil noch an, so kommt es bei den Häusern Vischer, 1923, Ludwigsburg, und Eberspächer, 1925, Esslingen (S. 55, 67), zu einer Konfrontation zwischen der traditionsgebundenen Architektur von Paul Bonatz mit den neuen Baustoffen Stahl, Glas und Beton. Mehrere Häuser entsprachen nicht mehr den Bedürfnissen ihrer Eigentümer und wurden deshalb umgebaut. Beim Haus Herstatt, 1922, Köln (S. 49), zerstörten die Eingriffe der fünfziger Jahre soviel, daß der ursprüngliche Zustand kaum mehr zu erahnen ist. Eine Sonderstellung nimmt das Haus Henkell, 1922, Berlin (S. 51), ein. Bereits 1936–38 wurde es von Bonatz umgebaut und seiner Zeit angepaßt. In den siebziger Jahren wurden die Häuser Hassler, 1923, Schaffhausen, und Vischer, 1923, Ludwigsburg (S. 53, 55), innen modern umgestaltet, ohne die äußere Erscheinung zu beeinträchtigen. Die im Katalog als »original erhalten« bezeichneten Häuser bilden eine große Gruppe. Die Unterschiede sind allerdings erheblich. Sie reichen von nahezu unveränderten Häusern über leicht verwahrloste oder geringfügig veränderte Häuser bis zu tadellos renovierten Häusern.

In der Überschau zeigt sich, daß die Hauseigentümer, wie zu erwarten, sehr verschieden mit ihren Häusern umgingen: Abriß, Wiederaufbau in Anlehnung an den ursprünglichen Zustand oder in veränderter Form, nachträgliche Anbauten, Umbau, Pflege des originalen Zustands. Untersucht man diese Kategorien daraufhin, wer der jeweilige Eigentümer ist, so bestätigt sich die eingangs angedeutete Vermutung, daß die ›Bauherren‹ und ihre Nachfahren eine engere Bindung an ihre Häuser haben als die Besitzer.[14] In scheinbarem Widerspruch dazu steht die Tatsache, daß unter den Eigentümern der »original erhaltenen« Häuser nur acht ›Bauherren‹, aber dreizehn ›Besitzer‹ zu finden sind. Dies legt den Schluß nahe, daß viele Bonatz-Häuser heute Liebhaber-Charakter aufweisen. So äußerten sich in diesem Sinn mehrere ›Besitzer‹.[15]

Die Entstehung und der Charakter der Häuser

Die vierundvierzig Herrschaftshäuser und Entwürfe stammen aus den Jahren zwischen 1905 und 1955. Die meisten von ihnen entstehen in den zwanziger Jahren, dem fünften Lebensjahrzehnt von Bonatz. Die folgende Tabelle verdeutlicht dies und nimmt die erste bekannte Jahreszahl der einzelnen Projekte als Anhaltspunkt für ihre Entstehungszeit:

Jahr	Anzahl der Projekte	
1905	1	–
1906	1	–
1909	1	–
1911	2	– –
1914	1	–
1920	1	–
1921	4	– – – –
1922	4	– – – –
1923	8	– – – – – – – –
1924	2	– –
1925	5	– – – – –
1926	1	–
1927	2	– –
1928	1	–
1930	2	– –
1932	1	–
1934	1	–
1935	2	– –
1936	1	–
1938	1	–
1954	2	– –

Daß in der ersten Hälfte der zwanziger Jahre mehr Häuser begonnen werden als in der zweiten Hälfte, dürfte sich aus der Inflation erklären lassen, die 1923 astronomische Ausmaße annimmt.[16] Wie aus der Karte des damaligen Deutschen Reichs zu entnehmen ist, verteilen sich die Häuser vor allem über Südwest- und Westdeutschland.[17] Die Schwerpunkte liegen in Stuttgart und Köln.

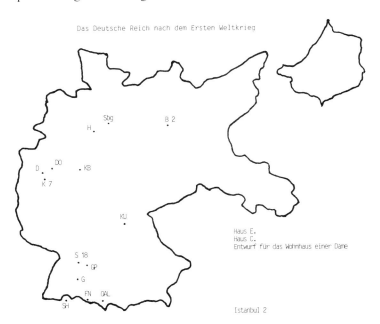

Die Frage, wie die Verbindung zwischen Bonatz und den Bauherren zustandekommt, läßt sich heute nur noch unvollkommen beantworten. Zumindest in Süddeutschland war Bonatz durch seinen Stuttgarter Hauptbahnhof so berühmt geworden, daß sich eine Empfehlung erübrigte.[18] Nach Köln führen zwei Spuren, 1913 hatte Bonatz dort gemeinsam mit dem Architekten Karl Schoene das stadtbekannte Kontorhaus Reifenberg erbaut. Bereits aus den Jahren 1907 bis 1909 stammt die Sektkellerei Henkell in Wiesbaden. Die Verbindung zur Familie Henkell riß nicht ab, so daß Bonatz von den Töchtern Fänn und Annelies Henkell mit dem Bau ihrer Häuser in Köln (Haus Arntzen, 1923) und Berlin (Haus Henkell, 1922) beauftragt wurde. Es scheint auch so, als habe man in Köln »etwas Anderes« gewollt und deshalb Paul Bonatz von auswärts gerufen.[19] Die Verbindung nach Hannover (Haus Liebrecht, 1923) kommt über die Ehefrau von Walter Liebrecht zustande. Clara Liebrecht ist die Schwester von Alfred Vorster aus Köln (Haus Vorster, 1921).[20]

Bonatz wird also unter Bekannten und Freunden weiterempfohlen. Wo nicht, spielt mit Sicherheit sein hoher Bekanntheitsgrad über die Fachkreise hinaus die entscheidende Rolle. In zwei Fällen wird Bonatz mit dem Bau von Häusern beauftragt, nachdem die Entwürfe anderer Architekten bereits vorlagen.[21]

Das Büro ›Bonatz & Scholer‹

Friedrich Eugen Scholers Anteil an den Herrschaftshäusern von Paul Bonatz läßt sich aufgrund von Mitteilungen ehemaliger Mitarbeiter und Schüler umreißen.[22] Ergänzt und bestätigt werden deren Aussagen durch einen allgemein gehaltenen Absatz in *Leben und Bauen*:

»In diesen Jahren ›zwischen 1908–10‹ begann meine Zusammenarbeit mit Fritz Scholer, dem alten Freund der Münchner Studienzeit. Mit seiner überlegenen praktischen Bauerfahrung war er der letzte meiner Lehrer. Auf ihm lag immer der schwere und verantwortungsvolle Teil der Arbeit, mir ließ er das dankbare Spiel. Seine Treue und Gewissenhaftigkeit gaben mir die Freiheit für den Lehrberuf und die vielen Reisen. Unsere Freundschaft hat sich mehr als ein Menschenalter lang bewährt bis zum Ausklang.«[23]

Scholer wird am 10. April 1874 in Sydney geboren, wo er später an der School of Arts studiert. 1897 bis 1898 setzt er sein Studium in München fort. Bis 1904 ist er Mitarbeiter von Friedrich von Thiersch. Ein Jahr darauf wird er selbständig, um sich bald mit Paul Bonatz in Stuttgart zu assoziieren.[24] Die Stadthalle Hannover wird noch vom Büro ›Scholer & Bonatz‹ erbaut, aber seit dem Stuttgarter Hauptbahnhof steht Scholer im Schatten seines jüngeren Partners. Das Büro heißt von jetzt an ›Bonatz & Scholer‹. Scholer tritt nur noch selten als selbständiger Architekt auf. Die Zusammenarbeit reicht bis 1943, aber bereits Ende der zwanziger Jahre scheint er sich aus dem gemeinsamen Büro allmählich zurückzuziehen.[25] Aus den Gehaltslisten ist zu entnehmen, daß er trotzdem weiterhin dasselbe Gehalt bezieht wie Bonatz[26]. 1949 stirbt Friedrich Eugen Scholer während einer Reise in Oberbayern.[27]

Scholers Einfluß auf die Herrschaftshäuser von Bonatz läßt sich heute im einzelnen nicht mehr mit Sicherheit feststellen. Auffallend ist, daß die Bauten nach 1910 in ihren Proportionen eine deutliche Breitenentwicklung zeigen. So verkörpern das Haus Colsman, 1909, Friedrichshafen, auf der einen Seite und das Haus Bonatz II, 1911, Stuttgart (S. 32, 33–35), auf der anderen Seite vielleicht eine auf Scholer zurückgehende Zäsur. Während sich nämlich beim Haus Colsman horizontale und vertikale Ausrichtung die Waage halten, wird beim Haus Bonatz II die Breitenlagerung entschieden ausgesprochen. Falls Bonatz auf künstlerischem Gebiet Scholer etwas verdankt, mag es diese Breitenlagerung bei den Wohnhäusern sein. Auch Peter Dübbers, der Enkel von Bonatz, vermutet: »Sein Einfluß ... lag wohl vor allem im Bereich des Wohnhausbaues und der Ausführungsplanung...«.[28]

Scholer war aufgrund seiner Herkunft aus dem angelsächsischen Kulturkreis mit dem Typus des breitgelagerten englischen Cottage vertraut. Daß dieses ›englische‹ Element Bonatz-Häusern zu eigen ist, wird schon 1913 erkannt.[29] Ungefähr gleichzeitig mit dem Haus Nill, 1905, Stuttgart (S. 30), entsteht das Haus Voith, Heidenheim, von Scholer.[30] In beiden Fällen handelt es sich um in die Höhe gebaute Häuser, bei denen vom breitgelagerten Cottage nichts zu spüren ist. Beide Häuser gehören noch zu dem damals abschätzig als ›Villa‹ bezeichneten Typus. Kennzeichnend für diesen ist vor allem die ausgeprägte Höhenentwicklung.[31] Den Schritt zur Breitenentwicklung verkörpern bei Scholer das Haus Winz, 1915, Friedrichshafen, und bei Bonatz sein zweites eigenes Haus, 1911 (S. 33–35). Der englische Einfluß zeigt sich beim Haus Winz auch im Grundriß und in der unruhigen Fassade. Rechtwinklig zur Längsrichtung des Hauses legen sich zwei Raumfolgen an die Stirnseiten, so daß Eckrisalite entstehen. Obwohl sie im Erdgeschoß die Veranda beziehungsweise das Herrenzimmer umschließen, läßt der Grundriß seine englische Herkunft erkennen: das Herrenzimmer entspricht in Lage und Art dem ›Drawing room‹.[32] Noch 1921 schafft Scholer in seinem Stuttgarter Haus ein Wohnzimmer, das wie ein ›Drawing room‹ wirkt. Der Grundriß vom Haus Bonatz II zeigt dieselben Merkmale, nur mit dem Unterschied, daß die Veranda und das Damenzimmer lediglich durch eingeschossige Vorbauten an der Fassade auffallen und nicht durch Risalite. Beim Vergleich der beiden Häuser wird klar, daß Bonatz den einheitlicheren und ruhigeren Baukörper schafft. Es ist demnach so, daß beide Partner mit herkömmlichen ›Villen‹ beginnen und später zu einer

Haus Winz, 1915, Ansicht von der Gartenseite

Breitenentwicklung ihrer Häuser finden. Ob Gespräche mit Scholer dafür den Ausschlag gaben oder ob zeitgenössische Veröffentlichungen wie *Das englische Haus* von Hermann Muthesius, läßt sich nicht mehr feststellen.[33]
Scholers Arbeiten sind unerforscht.[34] In den Jahren des gemeinsamen Büros entstehen nur wenige ›reine‹ Scholer-Häuser. Ein Beispiel ist das Haus Schlechter, 1935, Stuttgart.[35] Seine Baupläne wurden nur von Scholer unterschrieben. Gelegentlich unterschreibt er auch ›reine‹ Bonatz-Häuser mit »Bonatz und Scholer«, ohne daß daraus der Schluß gezogen werden darf, es handle sich um Häuser, die überwiegend von ihm bearbeitet wurden.[36] Meist unterschreibt Bonatz die Pläne mit »Bonatz und Scholer«. Die Zuschreibung kann also nicht allein aufgrund der Unterschrift erfolgen, sondern beispielsweise aufgrund von Aussagen der Bauherren beziehungsweise ihrer Nachfahren. Die folgende Beschreibung der Büroorganisation erlaubt den Schluß, daß Häuser, deren Pläne mit »Bonatz und Scholer« unterschrieben wurden, ›reine‹ Bonatz-Häuser sind. Anders sieht es aus, wenn Bonatz und Kurt Dübbers zusammenarbeiten. Hier kann es sich um Bonatz- oder um Dübbers-Häuser handeln, selbst wenn Bonatz eigenhändig unterschreibt. Das Bonatz-Haus Madelung unterschreibt Dübbers, das Dübbers-Haus Dr. Muth Bonatz.
Im Bürohaus von Bonatz und Scholer herrschte eine Zweiteilung der Arbeitsbereiche ›Entwerfen‹ und ›Ausarbeiten‹. Im Nordsaal wurde entworfen, im Südsaal fand die Ausarbeitung und die Detailbearbeitung statt. Dementsprechend hatte Bonatz sein Büro im Norden, Scholer seines im Süden.[37] Scholers Aufgaben waren die Ausarbeitung der Entwürfe von Bonatz, die Lösung der praktischen Fragen und das Gärtnerische[38]. In diesem Sinn ist der oben zitierte Absatz aus *Leben und Bauen* zu verstehen, in dem Bonatz sich über Scholer äußert. Das Entwerfen fand wegen der günstigeren Lichtverhältnisse im Nordsaal statt. Zwischen diesem und dem Büro von Bonatz befand sich ein ›Techniker‹-Raum. Er diente für Spezialaufgaben und später als Büro für Kurt Dübbers, mit dem Bonatz zwischen 1932 und 1942 einige Projekte gemeinsam durchführte, so beispielsweise das Haus Madelung, 1932, Gerlingen (S. 79). Es muß für Bonatz verletzend gewesen sein, als der Bauherr Heinrich Scheufelen nach einem internen ›Wettbewerb‹ im Büro zwischen Bonatz, Dübbers und Kurt Friedberg (?) dem Entwurf von Dübbers den Vorzug gab. Kurz darauf erhielt Dübbers auch den Auftrag für das Haus Ter Mer und Bonatz ging leer aus. Die große Zeit des Wohnhausbaus wird bei Bonatz jetzt von anderen Aufgaben wie den zahlreichen Brücken abgelöst.
In den zwanziger Jahren arbeitete im Büro neben Bonatz und Scholer als feste Stütze der Bautechniker Gustav Reichert.[39] Er war zuständig für die Bauaufsicht, die Installationen und Entwässerungsprobleme. Dazu kamen eine Sekretärin und bis zu acht Zeichner. Unter diesen befanden sich ehemalige Studenten der Technischen Hochschule Stuttgart, die oft aus dem Ausland stammten.[40] Bei der Gartengestaltung wiederholt sich die Arbeitsteilung zwischen Entwerfen und Ausarbeiten. Die großen Züge bestimmt Bonatz, er schafft den ›Garten-Raum‹. Scholer übernimmt das Gärtnerische und legt den ›Garten‹ an.[41]

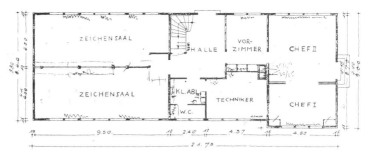

Bürohaus Bonatz & Scholer, Grundriß Erdgeschoß

Scholers und Bonatz' Wollen zeigt sich an ihren Eigenhäusern aus dem Jahr 1921. Beide Architekten können hier nach ihren persönlichen Vorstellungen, ohne Rücksichtnahme auf die Wünsche eines Bauherren, verfahren. Im Vergleich der zwei Häuser treten Unterschiede zutage, die Scholers Rolle im Büro und seinen Einfluß auf die Herrschaftshäuser von Bonatz verdeutlichen. Er wählt für sein eingeschossiges Haus einen offenen Grundriß in U-Form, während Bonatz zweigeschossig mit einem geschlossenen Grundriß baut (S. 13, 46–47). Scholers Haus nimmt mit seinen Giebelseiten keine Rücksicht auf die exponierte Lage und könnte ebensogut in der Ebene stehen. Beim Haus Bonatz III folgt die Dachform der Bewegung des abfallenden Geländes. Im einen Fall ist das Vorbild des englischen Cottage spürbar, im anderen Fall fügt sich die Gesamterscheinung eher in die Tradition des süddeutschen Raums ein.[42] Tritt bei Scholer der Baukörper kaum einmal klar in Erscheinung, so ist dies bei Bonatz ein leitender Gedanke: Scholer öffnet den Baukörper durch Loggien an der Süd- und Westseite und legt eine Pergola an die Südwestecke. Durch den Vorbau am Wohnzimmerflügel wird die Geschlossenheit der Wandfläche zusätzlich vermindert. Dieser Vorbau taucht bereits beim ›Typ B‹ der Siedlung Zeppelindorf in Friedrichshafen auf, an dem »Scholer besonderen Anteil hat«.[43] Daß er bei den Häusern Luz, 1921, Stuttgart, und Porsche, 1923, Stuttgart (S. 44, 52), verwendet wird, könnte auf den Einfluß von Scholer zurückgehen. Bonatz hingegen läßt den Baukörper seines Hauses klar in Erscheinung treten. Während bei Scholer das Dach an den

Haus Scholer, 1921, Ansicht von der Gartenseite

Giebelseiten übersteht, läßt Bonatz nur die Ziegel wenige Zentimeter vorragen. Einen weiteren Unterschied zeigen die Eingangssituationen: Bei Scholer empfängt der Garten den Besucher, der sich seinen Weg zum Hauseingang suchen muß, bei Bonatz leitet ihn die Wegeführung unmittelbar zum Ziel. Der hier anklingende Unterschied ist grundsätzlich; das Freilassend-Zufällige bei Scholer und das Führend-Geordnete bei Bonatz setzen sich in der Anlage der beiden Gärten fort. Scholer legt einen ›natürlichen‹ Garten an, in dem Pflanzen wuchern, Bonatz hingegen schafft einen geordneten Raum, der Haus, Garten und Landschaft in Beziehung zueinander setzt. Auch im Inneren der Häuser herrschen zweierlei Sprachen. Scholers Haustür und seine Decken sowie die hart in die Wand geschnittenen Türlaibungen könnte man ihrer Derbheit wegen eher auf einer Farm im ›Wilden Westen‹ erwarten als in einem Stuttgarter Villenviertel. Bei Bonatz verlangt das sorgfältige Detail gediegenes Handwerk. Eine Gemeinsamkeit der beiden Architektenhäuser stellt hingegen das in der nordwestlichen Ecke befindliche Eßzimmer dar. Insgesamt betrachtet steht außer Frage, daß in der Partnerschaft mit Scholer beziehungsweise Dübbers und trotz der Größe des Büros die Handschrift von Bonatz im großen wie im kleinen gewahrt bleibt.

Bauplatz, Baustoff und Bauherr

Vor Beginn der Entwurfsarbeit ist es für Bonatz wesentlich, den Bauplatz gründlich kennenzulernen und den Geist der Bauherrenfamilie so genau zu erspüren, daß das Haus sich später nicht nur der Umgebung wie selbstverständlich einfügt und den Bedürfnissen seiner Bewohner entspricht, sondern vor allem ihrer persönlichen Eigenart.[44] Die endgültige Lösung des Entwurfs findet Bonatz dann schnell und zielsicher.[45] Von den ehemaligen Mitarbeitern wird das Wollen von Paul Bonatz übereinstimmend überliefert. Bei den Wohnhäusern erstrebt er demnach Werte wie:

»Einschmiegen in die Landschaft, Beziehung zum Garten, Geborgenheit, Intimität des Wohnens, harmonische Ausgewogenheit.«[46]

Diese Charakteristika sind bei den frühen Häusern noch kaum zu erkennen, sie werden erst allmählich erarbeitet. Eine Entwicklung läßt sich an den Herrschaftshäusern von Bonatz zwar ablesen, aber nicht in dem Sinn, daß sie 1905 mit dem Haus Nill, Stuttgart, bei ›Null‹ beginnt und 1955 in dem Entwurf für das Haus Ozan, Istanbul, gipfelt. Es entsteht das ›eigentliche‹ Bonatz-Haus nicht ausschließlich in den zwanziger Jahren, wie gelegentlich behauptet wird. In dieser Epoche werden lediglich die meisten Häuser entworfen und die, die uns heute vielleicht als seine kraftvollsten Leistungen im Wohnungsbau erscheinen.

Schon bei den ersten Arbeiten ändert sich die Intensität, mit der Bonatz auf seine Projekte eingeht. Das Verhältnis zu Bauplatz, Baustoff und Bauherr ist anfänglich ein loses und herkömmliches. Das Haus Nill, 1905, Stuttgart (S. 30), ist dafür ein Beispiel. Es liegt dicht an der Straße, hat keine repräsentative Fassade, der Eingang befindet sich an der Westseite. Die Fenster sitzen asymmetrisch und weitgehend in Achsenkonkordanz zueinander. Im Süden liegt eine erhöhte Terrasse, die keine Beziehung zum Garten eingeht. Von ihr aus kann der Garten zwar betrachtet werden, man sitzt aber nicht in ihm. Lediglich über eine schmale Treppe kann er erreicht werden.[47] Die Verbindung zwischen Haus und Terrasse erfolgt durch eine schmale Tür, die nur im oberen Drittel verglast ist. Im Gegensatz zu späteren Häusern findet die persönliche Eigenart des Bauherrn in der Architektur keinen spürbaren Niederschlag, man kann sich kein Bild von ihm machen, er bleibt anonym.

Interessant ist der nächste Schritt, Bonatz' erstes eigenes Haus, 1906, in Stuttgart (S. 31). Schon der unausgeführte erste Entwurf zeigt eine einheitlichere Erscheinung. An die Stelle des Mansardendachs tritt ein geschlepptes Walmdach, die Fenster werden größer und gemeinsam mit dem breiten Balkon zum bestimmenden Formelement der Fassade. Besonders deutlich wird der Fortschritt beim ausgeführten Entwurf.[48] Er zeigt an der Nordseite im Erdgeschoß eine breite Terrassentür, die vollständig in Glas und Sprossen aufgelöst ist. Sie gestattet das ebenerdige Hinausgehen auf die Terrasse und in den Garten. Der gestalterische Wille von Bonatz hat sich 1906, wie die zwei verschiedenen Entwürfe für sein Haus veranschaulichen, erst im Verlauf der Planung in dem Sinn verändert, daß eine Verbindung zwischen Haus und Garten erstrebt wird. Noch liegt hinter der Terrassentür jedoch nicht das Wohnzimmer – dies ist erst beim Haus Bonatz II, 1911, Stuttgart (S. 33–35), der Fall –, sondern das Herrenzimmer. Auf Symmetrie und Achsenkonkordanz legt Bonatz an der Straßenfront Wert, so daß sein erstes Haus eine repräsentative Schauseite erhält. Die übrigen Ansichten zeigen Fenster, die sich nach den Notwendigkeiten der Innenräume richten.

Symmetrie und Fensterachsen als Ausdruck von Repräsentation wendet Bonatz auch beim Haus des Direktors Colsman, 1909, Friedrichshafen (S. 32), an. Es ist sein erstes großes Wohnhausprojekt. Aufgrund der Stellung des Bauherrn und der unmittelbaren Nähe zu den Zeppelin-Werken muß Bonatz den Repräsentationspflichten besonders Rechnung tragen. Das Haus liegt, von der Straße aus kaum zu sehen, in einem Park. Die Gartenseite ist repräsentativer gestaltet als die Eingangsseite. Diese wird von einem gewölbten Fronton und dem links der Mitte befindlichen Eingang bestimmt. Die Gartenfront repräsentiert in erster Linie, sie geht aber kaum auf den Garten ein. Das Hauptgeschoß ist als Hochparterre ausgebildet und besitzt keine Terrassentür. Lediglich die vielen Fenster, das ausschwingende Wohnzimmer und der darüberliegende Balkon schaffen eine lose Beziehung zum Garten. An der Nordwestfront führt eine kleine Veranda ein Schattendasein.

Das Haus Bonatz II, 1911, Stuttgart, bringt erstmals die in der Folge so typische Gestalt des langgestreckten Baukörpers. In diesem Fall ist er zweigeschossig. Von der Straße aus ist das Haus kaum zu sehen, da es vom Haus Kopp, 1911 (S. 36), weitgehend verdeckt wird. Bedingt durch die Lage des Grundstücks an einem Nordhang befindet sich der Hauseingang an der Südseite unter einem repräsentativen Portikus. Die Fenster sitzen hier streng symmetrisch und an der Gartenfront in Achsen. Die Straßen- und die Gartenfront sind also im Sinn der Repräsentation gestaltet. Im Gegensatz zum Haus Colsman erreicht Bonatz eine engere Verbindung zwischen Haus, Garten und Landschaft durch eine großzügige Terrasse, die von einer Baumreihe begrenzt wird. Das Haus steht nicht mehr wie ein Fremdkörper in seiner Umgebung. Insgesamt unterscheiden sich die vierundvierzig Herrschaftshäuser und Hausentwürfe im Charakter sehr deutlich voneinander. Die Betonung liegt entweder auf dem Repräsentativen, dem Wohnlichen, dem Ländlichen oder dem Feudalen.[49] Die Spannweite ist so groß, daß die formalen Gemeinsamkeiten nicht immer leicht erkennbar werden.[50] Das Bemühen von Bonatz zielt darauf ab, den individuellen Gegebenheiten möglichst gerecht zu werden. Mit dem Haus Bonatz II, 1911, ist eine Ausprägung gefunden, die bei späteren Häusern von Fall zu Fall differenziert wird.[51] Das Haus Fritz Roser, 1914, Stuttgart (S. 38–41), beispielsweise wiederholt den Gedanken der Symmetrie im Sinn der Repräsentation, es geht aber über das Haus Bonatz II hinaus. Die Fenster werden nicht pauschal in Achsen geordnet, sondern gezielt eingesetzt, um die Mitte zu betonen. An der Straßenseite erfolgt diese Betonung besonders auffallend. Bonatz beschreibt seine Gedanken hierzu in einem Brief an die Bauherrin vom 15. Dezember 1946:

»...Am Giebel nach der Straße mit den vier hohen Kaminen hätte ich besondere Freude. Weißt Du noch, wie wir disputierten, ob man so etwas vergnügt bewegtes machen dürfte? Natürlich wäre es auch ohne den Giebel ein ordentliches Haus geworden. Aber einmal muß mehr gegeben werden – über die pure Geometrie hinaus ein Stück purer Freude.... Es hat noch nie Baukunst gegeben, in der nicht das über das nur nützliche hinausgehende das Entscheidende gewesen wäre.«

Der Baukörper gewinnt an Lebendigkeit. Beim Haus Bonatz III, 1921, Stuttgart (S. 46–47), wird dagegen auf Repräsentation verzichtet. Bei der Anordnung der Fenster wird keine Rücksicht auf die Symmetrie der Ansichten genommen, sondern sie richtet sich nach den Innenräumen. Deren Disposition ist asymmetrisch und orientiert sich an den speziellen Wünschen des Bauherrn. Es wird, um es mit einem vereinfachenden Schlagwort auszudrücken, nicht mehr von ›außen nach innen‹, sondern von ›innen nach außen‹ gebaut.[52]
Die Mehrzahl der Herrschaftshäuser ist repräsentativ gestaltet, zu einem kleineren Teil in schloßartiger Symmetrie.[53] Der Großteil jedoch ist asymmetrisch angelegt, wodurch Bonatz, vom Zwang eines Schemas befreit, auf die Örtlichkeit und die Wünsche des Bauherrn besser eingehen kann.[54] Eine andere Intention wird in den ländlichen Häusern sichtbar.[55] Sie fügen sich in die jeweilige Umgebung in Form und Material ein und sollen darüber hinaus nichts anderes aussagen. Die zwei feudalen Herrschaftshäuser, Schloß von der Schulenburg, 1938, Neumühle bei Salzwedel, und C., 1930, betonen den Charakter von ›Schloß‹ und ›Burg‹. Sie schließen sich daher unmittelbarer als andere Bonatz-Häuser an historische Vorbilder an (S. 84–85, 77). Grundsätzlich stehen die Herrschaftshäuser von Paul Bonatz – seit dem Haus Bonatz I, 1906 – nicht beliebig wie Fremdkörper in der Landschaft, sondern fügen sich ihr harmonisch ein. Dies hat verschiedene Ursachen.

Vielfalt der Formen

Beim Betrachten sämtlicher Grundrisse fällt die große Vielfalt auf. Sie sind rechteckig, annähernd quadratisch, L-förmig oder unregelmäßig. Symmetrische und asymmetrische sowie offene und geschlossene Grundrisse halten sich die Waage. Einer der Gründe für diese Vielfalt liegt darin, daß Bonatz versucht, das einzelne Haus einfühlsam in die Landschaft einzufügen.[56] In einem Vortrag zur Hangbebauung in Stuttgart sagt er:

»Es gilt ... nach dem Bauprofil zu suchen, das sich in den Hang einfügt, nicht aus ihm herausfällt. Man wird nach Einbindung und seitlicher Führung streben, man wird Terrassen bauen ... man wird, wenn der Umfang des Einzelhauses die breitgelagerte Form nicht ergibt, die für die Hangbebauung städtebaulich nötig ist, mehrere zu einer Reihe zusammenfassen, man wird einmal mit dem Stumpfsinn des steilen Würfels brechen, der aus dem Hang herausfällt, statt sich einzubinden.«[57]

Bonatz sucht im hügeligen Gelände eine klare Breitenlagerung seiner Häuser. Bei solchen Grundrissen lassen sich die meisten Raumbedürfnisse im Erdgeschoß befriedigen, so daß die Hälfte der Häuser eingeschossig ist. Im ausgebauten Dachgeschoß werden die Schlafräume untergebracht. Viele Grundrisse verankern durch ihre ausgreifende Form die Häuser im Raum. Beim Haus Porsche, 1923, Stuttgart (S. 52), erfolgt durch einen Knick im Grundriß eine Anpassung an den Verlauf einer Anhöhe. Einige Häuser haben polygonale Anbauten, die den Innenraum in den Garten ausweiten. Bei anderen Häusern verbindet ein Turm den Hauptbau mit dem Flügel (S. 89–91).

Die Vorliebe für breitgelagerte Proportionen ist bei Bonatz keine aus England übernommene Mode, sondern wird von ihm als landschaftsbezogene Notwendigkeit betrachtet. Die Bevorzugung der Horizontale stellt nicht den Versuch dar, den ›alten Stil‹ des Historismus oder Jugendstils durch eine neue Form abzulösen. Über sein erstes eingeschossiges Haus, das Haus Fritz Roser, 1914, sagt Bonatz wie zur Bestätigung:

»Es ist ein Haus, das mir noch heute nahe dem Herzen steht. Wir durften langgestreckt bauen, achtundzwanzig Meter, eingeschossig, schönster Traum des Architekten...«[58]

In Vorträgen präzisiert er seine Vorstellungen:

»Widerstände aller Art: hoch, nieder, dick, dünn, Dachdurcheinander, jedes Haus andere Farbe, Form, Material... Den Städtebauer interessiert das Problem des Dachausbaues von außen gesehen. Man kann wohl sagen, daß die zerquälten Dächer in ihrem Durcheinander von Formen der Hauptgrund der Häßlichkeit des Stadtbildes sind... ›in der Dachfrage‹ herrscht volle Anarchie... Es gibt ›dagegen‹ kein Generalrezept, denn die Voraussetzungen sind überall verschieden... Ob das Dach ... 45° oder 30° haben soll, oder ob es flach ist, wird wiederum nicht generell, sondern nach dem Standort und anderen Gesichtspunkten entschieden werden. Ein Dach von 30° ist vernünftiger vom Ganzen aus gesehen als 45°, denn je niedriger die Baustreifen sind, desto stärker kommt die Horizontaltendenz zum Ausdruck und desto besser ist der freie Blick für die nächstobere Reihe am Hang. Wenn genügende Mengen vorhanden sind, einen Bezirk zu bestimmen, so halte ich jede Form für möglich. Wesentlich ist im Hügelgelände die Vorherrschaft der Horizontalrichtung, kurze Walme und Giebel binden sich am schwierigsten ein.«[59]

Für eine Verbesserung der Zustände schlägt Bonatz vor:

»Es müßte ... außer dem Lageplan ein weitgehend bestimmter Aufbauplan gemacht werden. Dieser würde bestimmen: wo eingeschossig, wo zweigeschossig gebaut würde; es müßte festgestellt werden, wie hoch der Erdgeschoßfußboden über dem Gelände liegt, wie hoch die Geschosse sind; für das Dach ein bestimmter Neigungswinkel, entweder für alle Dächer eines Zuges Walm oder Satteldach, ganz bestimmte Maximalgrößen für Dachfenster, die Dachfarbe, sogar die Größe des Dachgesimses und des Dachanfallpunktes, die Richtung der Hauskörper und die Tiefe der Hauskörper. Es klingt vielleicht übermäßig einengend und den Einzelnen vergewaltigend, aber es ist nicht mehr an Einheitlichkeit verlangt, wie es in Kulturzeiten aus einem natürlichen Gefühl von selbst heraus entstand.«[60]

Bonatz steht damit in einer Reihe mit international renommierten Kollegen. Bereits 1926 schlägt er zusammen mit Peter Behrens, Richard Döcker, Walter Gropius, Ernst May, Ludwig Mies van der Rohe, Heinrich Tessenow und anderen vor, daß für die Genehmigung von Baugesuchen nicht nur die Baupolizei, sondern auch ein Gutachten von Fachleuten über die künstlerische Qualität entscheiden soll.[61]

In der begründeten Bevorzugung der Horizontale dürfte die Erklärung liegen, warum Bonatz lange am geschleppten Dach festhält. Beim Haus Hoffmann, 1934, Gerlingen (S. 80), beträgt der Dachwinkel im Gegensatz zu älteren Häusern nur 30°, so daß von vornherein eine bessere Einbindung stattfindet und auf eine Schleppung verzichtet werden kann. Die älteren Häuser haben meist Dächer mit einem Neigungswinkel von 45°. Beim Haus Bonatz III, 1921, Stuttgart (S. 46–47), fällt auf, daß das Dach an der Nordseite tiefer herunterreicht als an der Südseite. Damit folgt das Dach der Geländeform, schützt im Norden und öffnet das Haus gen Süden. Bei Häusern mit Satteldach legt Bonatz Wert darauf, daß nur die Dachziegel an den Giebelseiten knapp überstehen, damit der Baukörper klar in Erscheinung tritt.[62] Ausnahmen macht er vor allem, wenn er sich einer anderen örtlichen Bautradition anpaßt wie bei seinem Allgäuer Ferienhaus, 1935, Oberstdorf, oder dem Haus Süren, 1954, Istanbul (S. 82, 86). In beiden Fällen steht das flache Satteldach aus klimatischen Gründen allseits weit über.

Insgesamt betrachtet weisen die Herrschaftshäuser in einem ausgewogenen Verhältnis Sattel- und Walmdächer auf. Nur dreimal erscheint das Mansardendach.[63] Es ist bezeichnend, daß das einzige Flachdach von Bonatz für das Haus Ozan, 1954 (S. 87)[64], in Istanbul vorgesehen wird. Das Festhalten Bonatz' am Steildach in Mitteleuropa erklärt sich ebenfalls aus dem Respektieren der örtlichen Bautradition.[65]

Untersucht man die Fenster sämtlicher Häuser chronologisch, so stellt sich heraus, daß anfangs kombinierte Fenster verwendet wurden: die Flügel sind sprossenlos, während die unbeweglichen Teile Sprossen aufweisen. Seit dem Haus Colsman, 1909, Friedrichshafen (S. 32), kommen meistens Sprossenfenster zur Anwendung. Sie werden oft in Querformate unterteilt. Bonatz' Begründung für die Verwendung von Sprossen dürfte sich mit den Ansichten von Hermann Muthesius decken:

»In der Bevorzugung der kleinen Glasscheibe zu einer Zeit, in der man große haben kann, liegt ja zweifellos ein Stück Romantizismus. Es ist aber ganz offenbar, daß die kleinere Aufteilung der Glasfläche einen besonderen Reiz hat und vorzüglich dazu beiträgt, einem Haus den Stempel des Wohnlichen und Gemütlichen aufzuprägen. Die große ästhetische Bedeutung des in kleine Scheiben geteilten Fensters liegt außerdem darin, daß die Sprossen oder Bleilinien das Loch gleichsam überspinnen und so der Wand das Umschließende und Schützende bewahren. Die großen Fensterlöcher würden ihr das rauben.«[66]

Vereinzelt kommt das sprossenlose Fenster schon in den zwanziger Jahren vor.[67] Das Haus C., 1930 (S. 77), ist als erstes ausschließlich großflächig verglast. Für sein Ferienhaus im Allgäu, 1935, und für das Schloß von der Schulenburg, 1938, wählt Bonatz wieder Sprossenfenster. Es ist bezeichnend, daß er zu einer Zeit, in der seine anderen Häuser sprossenlos sind, in beiden Fällen an der alten Fensterform festhält. Dies geschieht zur Anpassung an die ländliche Umgebung beziehungsweise an den Typus ›Schloß‹.

Unmittelbar mit dem landschaftsbezogenen Bauen hängt bei Bonatz seine Hochschätzung der Bautradition zusammen:

»Die Tradition soll befruchten, nicht versklaven. Neue Dinge sollen neu sein, aber sie sollen aus der Formempfindung des Landes geboren werden, so vereinfacht stilisiert, so modern, daß sie das Heute wiedergeben.«[68]

In einem Aufsatz führt Bonatz diesen Gedanken aus:

»Die Pflege der Tradition hatte und hat eine ganz bestimmte Aufgabe. Sie stellt den Begriff der Qualität neu fest, sie lehrt Sauberkeit, Anstand und Gewissenhaftigkeit bis ins Kleinste... Die ... Pflege der Tradition sucht das Ursprüngliche in jedem Handwerk. Sie entwickelt die Form aus dem Arbeitsvorgang, sie erweckt neu die sinnlich lebendige Oberfläche der Mauer, sei es Stein, Ziegel, Beton oder Putz. Sie pflegt die elementaren Dinge, wie ein Dach auf einem Hause aufsitzt, wie die Deckung lebendig wird und wie eine Dachgaube eingefügt wird... Nichts am Hause ist zu gering, als daß es nicht mit liebevoller Hingabe bedacht würde. Die Schreinerarbeit wird aus dem Gefüge des Holzes und aus den Arbeitsvorgängen entwickelt, die natürliche Schönheit des Baustoffes wird zur Geltung gebracht. Überall spürt man die Hand und den Menschen, die Freude am Werk, das Bauen als einen organischen Vorgang. Die besten Leistungen steigern sich zum Musikalischen, zu Anmut... Das traditionsgebundene Bauen unterscheidet sich nicht wesentlich von seinem Vorbild vor hundert oder mehr Jahren... Es wird allerdings straffer im Ausdruck werden, knapper in den Mitteln, man wird da und dort die Arbeit der Maschine spüren. Das formalistische oder Stilmerkmal wird verschwinden, das Haus wird sachlich allgemeingültiger werden. Es wird etwas von dem Entwicklungsgang mitmachen, den unser

Gerät, die Möbel und die Kleidung genommen hat, ohne dabei seine Bodenständigkeit, seine Gebundenheit durch Baustoff und Gebrauch, durch Menschen und Landschaft zu verlieren.«[69]

Als Lehrer in der Türkei bemüht sich Bonatz darum, seinen Schülern den Sinn der landeseigenen Bautradition näherzubringen:

»Im Süden sind alle Häuser mehr oder weniger nach diesem Typ entwickelt: Die einzige Möglichkeit, sich gegen die heiße Sonne zu schützen, besteht darin, das Haus genau nach Süden zu richten und eine Galerie davor zu legen. Im Sommer steht die Sonne hoch und trifft nicht die Zimmer, die nördlich Fenster für Querlüftung haben. Im Winter, wenn die Sonne flacher scheint und ihre Strahlen erwünscht sind, scheint sie tief hinein. – Dies war vor zweitausend Jahren ebenso und die Bedingungen bleiben die gleichen.«[70]

Diese Gedanken von Bonatz werden durch einen Vergleich zwischen dem Entwurf für das Haus Ozan, 1954, in Istanbul und dem Haus Bühler, 1925, in Göppingen bestätigt (S. 87, 68–69). Während Bonatz am sonnigen Bosporus ein Flachdach wählt, die Wände weitgehend öffnet und in beiden Geschossen Loggien vor die Südseite legt, bevorzugt er im gemäßigten Klima Mitteleuropas ein Steildach, Wände, die nur von schmalen Fenstern unterbrochen werden, und eine Terrasse. Innerhalb Deutschlands differenziert er mit dem Baumaterial: im Rheinland verwendet er gerne Klinker[71], in Süddeutschland verputzten Backstein[72], auf dem Land Naturstein und Holz[73]. Oft steht dem Repräsentativ-Kühlen im Norden das Anmutig-Barocke im Süden gegenüber.[74] Wie weit dabei der Einfluß des Bauherrn eine Rolle spielt, läßt sich heute nicht mehr feststellen.

Wesentlich für die Wirkung der Häuser von Bonatz sind die Putzfarben. Er wählt dafür gerne Weiß und Rosa.[75] Aus dem Rahmen fällt der hellgrüne Putz beim Haus Liebrecht, 1923, Hannover (S. 56–57). Hier hat sich der Bauherr durchgesetzt. Dies gilt ebenso für das Haus Arntzen, 1923, Köln (S. 60–61), wo Bonatz vergeblich Rosa empfohlen hatte. Die Fensterläden sind in der Regel dunkelgrün, die Fenster selbst und die Laibungen werden weiß gefaßt. Der oben angesprochene Einfluß der Bauherren läßt sich kaum näher bestimmen. Daß so grundverschiedene Häuser entstehen wie jene von Hans Roser, 1923, Stuttgart, und C., 1930 (S. 54, 77), geht mit Sicherheit auf den unmittelbaren Einfluß der Bauherren zurück. Im letzteren Fall kann dank des erhaltenen Bauprogramms nachgewiesen werden, daß der Bauherr ausdrücklich den »Burgcharakter« wünschte. Beim Haus Bauer, 1925, Stuttgart, zeigt sich der Einfluß des Bauherrn in der auffallenden Verwendung von Beton. Teilweise handelt es sich um Sichtbeton (S. 70–71).[76] Ludwig Bauer war Inhaber der Firma ›Ludwig Bauer, Eisenbeton – Hoch- und Tiefbau‹. Die Innengestaltung erfolgt in enger Abstimmung zwischen der Bauherrin und Bonatz und umfaßt die Auswahl passender Lampen und Möbel.[77] Ein anderes Beispiel ist das Haus Herstatt (1922), Köln. Hier werden die zwei Konzertflügel der Hausherrin als störend im Wohnzimmer empfunden. Für sie schafft Bonatz noch während der Planung einen polygonalen Anbau, der später wieder auftaucht (S. 49).[78]

Über das Verhältnis von Bauherr und Architekt geben Briefe des Büros ›Bonatz & Scholer‹ an Karl Bühler Aufschluß. Auf den Wunsch Bühlers geht es zurück, daß die Erdgeschoßfenster der Nordseite seines Hauses keine Klappläden, sondern Rolläden erhalten. In einem Brief versuchen Bonatz und Scholer aber erfolgreich, Bühler davon abzubringen, die Fußböden des ersten Stocks mit Linoleum auszulegen, da dies in Widerspruch zum Charakter des übrigen Hauses stehe. Sie empfehlen Parkett. Verblüffend groß ist der Unterschied zwischen der eingeschossigen Straßen- und der zweigeschossigen Gartenfront beim Haus Arntzen, 1923, Köln. Es liegt nahe, daß die Bauherrschaft dafür verantwortlich ist. Der ›eigenwillige‹ Charakter des Ehepaars Arntzen kommt auch darin zum Ausdruck, daß es die von Bonatz vorgesehene Innengestaltung wegen ihrer Nüchternheit ebenso ablehnt wie die Putzfarbe Rosa (S. 60–61).

Haus, Garten und Landschaft

Ein Hauptmerkmal der Herrschaftshäuser von Paul Bonatz ist es, Haus, Garten und Landschaft in eine enge Beziehung zu setzen. Bonatz bestimmt die Lage des Hauses im Grundstück sehr sorgfältig.[79] Das Haus Woernle, 1928, Stuttgart, dreht er aus diesem Grund absichtlich aus der Baulinie heraus, so daß es sich besser in die Hanglinie einfügt (S. 76).[80] Ein besonders eindringliches Beispiel für das Vorgehen von Bonatz ist das Haus Fritz Roser, 1914, Stuttgart (S. 38–41). In *Leben und Bauen* sagt er dazu:

»Seinen großen schönen Garten hatten wir schon zu Anfang des Krieges planiert, terrassiert und angepflanzt. Man brauchte nur das Haus in den vorbereiteten Rahmen zu stellen.«[81]

Das Haus liegt in der nordwestlichen Ecke eines Südhanggrundstücks.[82] Im Garten sind sechs Bereiche zu unterscheiden. Der Vorgarten, hier als ›Cour d'honneur‹ ausgebildet, ist der einzige von der Straße aus einsehbare Teil des Grundstücks, das sonst von einer hohen Steinmauer abgeschirmt wird.[83] Die ›Cour d'honneur‹ schafft Abstand und trägt damit wesentlich zum Eindruck des Repräsentativen bei. Ihr entspricht auf der Südseite des Hauses der ›Wohngarten‹. Hier hält man sich im Sommer bevorzugt auf. Verschiedene Sitzplätze laden zum Verweilen ein. Man ist im Freien und doch in unmittelbarer Nähe des Hauses. Vom Schlafzimmer im

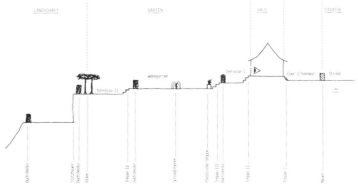

Haus Fritz Roser, 1919, Geländeschnitt

östlichen Erdgeschoß sieht man in den tiefergelegenen ›Rosengarten‹.[84] Auf nochmals tieferem Niveau liegt der ›Park‹. Er ist gekennzeichnet durch eine große Wiese, eine Allee und verschiedene Baumgruppen und steht für kleine Spaziergänge oder Spiele zur Verfügung. Die Fußwege sind hier wie bei vielen anderen Bonatz-Häusern mit Kies bedeckt, so daß der Spaziergänger beim Gehen automatisch ein akustisches ›Signal‹ empfängt, das ihn unterschwellig an ›Park‹, ›Entspannung‹ und ›Abstandnehmen‹ denken läßt. Am anderen Ende der Allee liegt das hölzerne ›Sommerhaus‹, in das man sich zu größerer Abgeschiedenheit zurückziehen kann. Von einer mächtigen Stützmauer aus Travertin getrennt, liegt der größte Teil der gesamten Anlage, der ›Nutzgarten‹, ungefähr drei Meter tiefer als der Park. Er erstreckt sich über die ganze Breite des Grundstücks am Hang entlang. Alle sechs Bereiche des Gartens sind klar voneinander abgesetzt durch Niveauunterschiede, Hecken, Treppen, Mauern und so weiter. Dies geschieht jedoch nicht so, daß die verschiedenen Bereiche schroff gegeneinander stehen, sondern auf eine Art und Weise, daß Durchblicke eine Verbindung schaffen.

In mehreren Schritten wird durch maßstabbildende Mittel eine Beziehung zwischen Haus, Garten und Landschaft hergestellt. Muthesius beschreibt dies so:

> »Alle Teile sind dabei in sich waagerecht-eben, alle Wege gerade, abfallendes Gelände ist in Terrassen abgeteilt, die Begrenzungen der Einzelteile sind deutlich sichtbar gestaltet: sie bestehen aus niedrigen Mauern oder beschnittenen Hecken... Man erblickt im Garten eine Fortsetzung der Räume des Hauses, gewissermaßen eine Reihe einzelner Außenräume, von denen jeder in sich geschlossen eine gesonderte Bestimmung erfüllt. So erweitert der Garten das Haus in die Natur hinein. Zugleich gibt er ihm den Rahmen in der Natur, ohne den es in seiner Umgebung als Fremdling stehen würde. Der geordnete Garten ist für das Haus, ästhetisch genommen, die Basis, auf der es sich aufbaut wie das Standbild auf dem Sockel.«[85]

Auf der Straßenseite wird, frei nach Bonatz, »ein Raum vor dem Haus geschaffen« oder, wie er auch sagt, »das Haus nochmals vorgetragen«.[86] Bonatz versteht in diesem Fall darunter wohl das Schaffen einer zweiten Hausflucht durch die Vorgartenmauern. Der Besucher muß hier anhalten und vergegenwärtigt sich dadurch die Gegebenheiten. Eine andere Maßnahme, mit der »das Haus nochmals vorgetragen wird«, sind die zwei plastischen Gruppen in den Rabatten des Wohngartens. Sie sind ein Teil des Hauses vor dem Haus. Dadurch wird der Raum zwischen ihnen und dem Haus als zum Haus gehörig festgeschrieben.[87] Während die Straßenseite im Zeichen der Repräsentation steht, findet auf der Gartenseite eine intensive Beziehung zwischen dem Haus und seiner Umgebung statt, sie öffnet sich dem Garten.[88] Die Terrassentür in der Mittelachse verbindet das Wohnzimmer mit der nur wenige Zentimeter tiefergelegenen Terrasse I. Im Westen wird diese von einer weißen Holzpergola abgeschlossen, im Osten verhindert ein Teehäuschen, daß sich die Terrasse im deutlich tiefergelegenen Park gleichsam verliert. Durch diese beiden Eckbauten sowie durch eine säumende Buchshecke zwischen der Terrasse I und dem Wohngarten entsteht ein ›Terrassenraum‹. Er vermittelt Geborgenheit und bietet gleichzeitig Ausblicke.[89] Die Buchshecke wird in ihrer Mitte von einer Treppe unterbrochen, die zu dem annähernd quadratischen Wohngarten hinunterführt. Dieser wird allseits von Buchshecken gesäumt und damit als etwas Selbständiges abgesetzt. Seine Mitte kennzeichnet ein See mit Springbrunnen. Im Westen und im Osten des Wohngartens befinden sich zwei Sitzplätze. Eine Treppe unterbricht im Süden abermals die Buchshecke und führt zur Terrasse II hinunter. Das Haus wird durch beide Treppenanlagen »nochmals vorgetragen«. Eine kleine Allee auf der Südseite der Terrasse II bietet beschattete Sitzplätze auf Gartenbänken mit Blick auf den Stuttgarter Talkessel. Diese Allee verhindert, daß sich der Wohngarten in der Weite gleichsam ›verliert‹. Es wird klar definiert, wo der Garten endet; es stehen sich der gegliederte Bereich des Wohnens und der ungegliederte Raum außerhalb gegenüber. Im Park dient die Allee als Maßstab des sonst ›unermeßlichen‹ Raums. Am Haus übernehmen die Sprossen der Fenster diese Aufgabe, trennen Innen und Außen optisch voneinander.

Wie oben beschrieben, setzt Bonatz durch verschiedene Maßnahmen Haus, Garten und Landschaft so in Beziehung zueinander, daß der Betrachter, in diesem ›Kosmos‹ unmerklich geführt, »Ruhe und Heimatgefühl« findet.[90] Eine andere Möglichkeit der lebendigen Verbindung von Haus, Garten und Landschaft wählt Bonatz beispielsweise bei den Häusern Dreifus, 1924, Stuttgart, Hornschuch, 1924, Kulmbach, oder zuletzt bei dem Entwurf für das Haus Ozan, 1954, Istanbul (S. 62, 64–65, 87). Es ist die langgestreckte Pergola. Auch sie »trägt das Haus nochmals vor«. In ihr verschmelzen Haus, Garten und Landschaft. Der Garten erfährt eine Gliederung und findet zugleich seine Abgrenzung zur Weite.[91]

Grundriß und Innenraum

Die Innenräume der ersten Bonatz-Häuser ergeben in ihrer Anordnung noch nicht den ›typischen‹ Grundriß. Beim Haus Nill, 1905, Stuttgart (S. 30), liegen das Wohn- und das Schlafzimmer im nördlichen Teil des Erdgeschosses und nicht im Süden. Beim Haus Bonatz I, 1906, Stuttgart, beherbergt das Erdgeschoß das Büro, ein Herrenzimmer und die Küche, während das Wohn- und das Eßzimmer im Obergeschoß untergebracht sind (S. 31). Dies ändert sich beim Haus Colsman, 1909, Friedrichshafen. Dort liegt das Wohnzimmer auf der Südseite des Erdgeschosses (S. 32).

Bonatz, Grundrißschema

Die für viele Häuser gültige Lösung deutet sich erstmals beim Haus Bonatz II, 1911, Stuttgart, an. Das Diagramm zeigt einen ›typischen‹ Grundriß und soll das Verständnis der folgenden Beschreibung erleichtern. Nach einer geräumigen Diele gelangt man in das südseitige Wohnzimmer, dem Mittelpunkt des Hauses. Vor diesem liegt die Terrasse. An das Wohnzimmer schließen sich ein Eßzimmer auf der einen Seite und ein Damen-, Herren- oder Musikzimmer auf der anderen Seite so an, daß gelegentlich Enfiladen entstehen. Die Küche liegt auf der Eingangsseite im Norden. Von der Diele führt eine Treppe unauffällig ins Obergeschoß. Diese Treppen werden manchmal regelrecht versteckt, um den ›öffentlichen‹ Bereich im Erdgeschoß von den Schlafräumen im Obergeschoß abzusondern.[92] Hier werden die Räume an einem Gang, meist auf der Südseite, aufgereiht.
Von dem gezeichneten ›Grundrißschema‹ weichen einige Häuser ab. Beim Haus Bonatz III, 1921, Stuttgart (S. 46–47), blickt der Eintretende auf die Tür zum Wohnzimmer und rechts davon auf die Treppe zum Obergeschoß. Durch einen langen Gang werden beim Haus Hans Roser, 1923, Stuttgart, das Wohn- und das Eßzimmer erreicht (S. 54). Die Schlafräume liegen hier im Erdgeschoß. In den meisten Fällen jedoch befinden sich die Wohnräume im Erdgeschoß und die Schlafräume im Obergeschoß. Erstaunlicherweise besitzt der Entwurf für das Haus Ozan, 1954, Istanbul, trotz seines ›modernen‹ Äußeren noch den ›typischen‹ Grundriß, wie er erstmals beim Haus Bonatz II auftaucht (S. 33–35).[93]
Untersucht man die Innenräume auf ihre Höhe, so zeigt sich, daß sie sich bei den frühen Häusern um 3,5 Meter bewegt und später auf Werte unter 3 Meter sinkt. Neben dem Kostenpunkt spielt für diese Entwicklung sicherlich eine Rolle, daß Bonatz mit Raumhöhen von 3,5 Metern und mehr die von ihm erstrebte Harmonie und Geborgenheit nicht so gut verwirklichen konnte wie mit Höhen unter 3 Meter.[94] Durch offene Kamine unterstreicht er die Gemütlichkeit des Wohnzimmers.[95] Die Räume sind oft in einem gebrochenen Weiß gehalten, denn »Weiß ist die bunteste Farbe«.[96] Bonatz will damit sagen, daß Weiß alle anderen Farbtöne der Umgebung, beispielsweise das Rot der Morgensonne, annimmt. Für die Türen und Einbaumöbel bevorzugt er Lindgrün oder Weiß. Die Zeichnung für den Innenausbau und die Einbaumöbel kommen oft aus dem Büro ›Bonatz & Scholer‹. Dabei fällt auf, daß sich die sorgfältige Durcharbeitung bis in ›unwichtige‹ Einzelheiten hinein verfolgen läßt. Selbst der Handlauf einer Kellertreppe offenbart in seiner Gestaltung die Liebe zum Detail[97]: Wie zahlreiche andere Architekten gibt Bonatz in den zwanziger Jahren seinen Fenstergittern, Türgriffen, Handläufen und so weiter gerne die als ›Wiener Blitz‹ bezeichnete Gestalt mit dem Wechselspiel von Zickzack-Waagerechte und Rundung.

Gebaute Hierarchie

Die Arbeitsräume der Hausangestellten liegen bei den frühen Häusern im Keller- oder Untergeschoß. Beim Haus Colsman, 1909, Friedrichshafen, gilt dies sogar für das ›Gesindezimmer‹, dem später als ›Leutezimmer‹ bezeichneten Aufenthaltsraum der Hausangestellten (S. 32).[98] Ab den zwanziger Jahren befinden sich die Arbeitsräume meist im Erdgeschoß. Die Schlafräume liegen in der Regel unter dem Dach und in einigen Fällen im Obergeschoß, wie diejenigen der ›Herrschaft‹. Der soziale Wandel findet seinen Ausdruck nicht nur in der Anordnung der Räume, sondern auch in der Sprache. In manchen Häusern gibt es neben der ›Haupttreppe‹ für die ›Herrschaft‹ sogar noch eine ›Dienerschaftstreppe‹. Sie soll es ermöglichen, daß die Hausangestellten ihrer Arbeit nachgehen, ohne die Ruhe der ›Herrschaft‹ zu stören. In diesem Zusammenhang sind auch die getrennten Dienstboteneingänge zu sehen, wie sie beispielsweise die Häuser Bühler, Hornschuch oder Porsche aufweisen. Hier zeigt sich wieder, wie sehr der historische Begriff ›Herrschaftshaus‹ zutrifft.
Bonatz-Häuser geben außen ihre innere Hierarchie zu erkennen. So kennzeichnen beispielsweise beim Haus Porsche, 1923, Stuttgart, drei Firsthöhen das Wohnhaus, das Gärtnerhaus und die Garage (S. 52). Bei anderen Häusern wird über die Bedürfnisse des ›kultivierten‹ Wohnens hinaus der Repräsentationslust der Bauherren deutlich Rechnung getragen. Dies geschieht nicht nur durch die Ausmaße, sondern auch durch Türme, hohe Mauern mit prächtigen Einfahrten oder Mittelrisalite beziehungsweise Dacherker, die den Hauseingang überhöhen. Dabei ist die Anlehnung an die Welt des Adels offensichtlich. Dem Entwurf für das Haus S., 1925, bei Düsseldorf, liegt das Vorbild ›Schloß‹ zugrunde. Damit hängt der gleichmäßige Fensterrhythmus zusammen, der durch die Läden unterstrichen wird.[99]
Bonatz will und kann jedem Bauherrn das Seine geben.[100] So erhält der Bauherr C. wie gewünscht sein Haus mit ›Burgcharakter‹ und Annemarie Hoffmann aufgrund eigener Entwurfsskizzen ›ihr‹ Haus (S. 77, 80). Den Grafen von der Schulenburg scheint aber erst Bonatz davon überzeugt zu haben, daß in diesem Fall nur ein echtes Schloß als Neubau in Frage kommt und keine ›moderne‹ Lösung (S. 84–85). Bonatz hält hier das unmittelbare Anknüpfen an die Tradition der Familie von der Schulenburg für nötig, die zuvor in ihrem Schloß Wolfsburg gelebt hatte. Er geht so intensiv darauf ein, daß er nur das baukünstlerische Können des Architekten zur Verfügung stellt, ohne nach Selbstdarstellung zu streben.[101] Es entsteht daher ein architektonisches Portrait des Bauherrn, sein Sinnbild. Die Häuser von Paul Bonatz sind ausgesprochene ›Individuen‹, so daß sie als Gesamtheit uneinheitlich erscheinen. Sie werden ›maßgeschneidert‹ und teilweise mit den Initialen des Bauherrn oder seinem Wappen versehen.[102] Bonatz legt bewußt keinen Wert auf die Einheitlichkeit seines Œuvres. Wichtig ist ihm die Einheitlichkeit des einzelnen Bauwerks. Dieser Anspruch wird von seinen meisten Häusern erfüllt.[103]
Interessant in diesem Zusammenhang ist ein Ensemble von Bonatz-Häusern in Stuttgart und eine Gruppe benachbarter Häuser in Köln-Marienburg. Auf der einen Seite fordert Bonatz eine weitgehend einheitliche Bebauung (vgl. S. 15). Auf der anderen Seite, ließe sich überspitzt sagen, willfährt er den Wünschen seiner Kunden bei der Gestaltung des einzelnen Hauses (S. 77). Trotzdem gelingt es ihm, die Einheitlichkeit des Stuttgarter Ensembles zu wahren. Anders sieht es in

Köln aus. Wieder einmal fällt das Haus Arntzen, 1923, aus dem Rahmen (S. 60–61). Seine Straßenansicht zeigt kaum Gemeinsamkeiten mit den übrigen Bonatz-Häusern in Köln-Marienburg. Was bei der unmittelbaren Nachbarschaft am Stuttgarter Bismarckturm als störend empfunden würde, läßt sich hier eher vertreten.

Zeichnungen

An dieser Stelle sollen die Architekturzeichnungen von Paul Bonatz aus zwei Gründen erwähnt werden: Erstens offenbaren Zeichnungen die architektonische Absicht unmittelbarer als es die gebauten Herrschaftshäuser im Einzelfall vermögen, zweitens sind fünf Projekte nicht zur Ausführung gelangt und anschaulich nur durch Zeichnungen überliefert.[104] Es handelt sich dabei um Risse und um eigenhändige Skizzen des Architekten.[105] Beim Entwurf des Hauses Nill, 1905, Stuttgart, wird am Sockelgeschoß Bewuchs angegeben. Ansonsten steht es beziehungslos in seiner Umgebung. Dies ändert sich beim Haus Bonatz I, 1906, Stuttgart. Hier setzt Bonatz im Süden einen Baum davor (S. 31). Bei späteren Häusern werden mehrere Bäume im Garten als Raummarke gegen die Weite der Landschaft gesetzt. Beispiele dafür sind die Häuser Dreifus, 1924, Eberspächer, 1925, oder Bauer, 1925, alle Stuttgart.

Carl Krause gesteht in seinem Buch *Das Zeichnen des Architekten* Bäumen und Pflanzen zu, »... unabdingbarer Bestandteil städtebaulich-räumlicher und architektonischer Gestaltung...« zu sein. Für ihn steht fest, »... daß wir Bäume keinesfalls als ›Staffage‹ bezeichnen können.«[106] Ein gutes Beispiel für die Gestaltungsweise von Bonatz offenbart der Gartenplan mit Geländeschnitt beim Haus Hassler, 1923, Schaffhausen (S. 53). Die Allee erfüllt eine doppelte Aufgabe. Einerseits unterteilt sie den sonst größtenteils ungegliederten Garten und macht ihn dadurch erst zum ›Garten-Raum‹, andererseits schließt sie den privaten Bereich gegen die Umgebung ab und verhindert, daß das Haus und der Garten sich in der Weite verlieren. Die Allee gibt dem Haus Hassler auf der Anhöhe vollends seinen Halt. Mit dem Gestaltungsmittel ›Baum‹ schafft Bonatz einen Fixpunkt im Raum und bindet seine Herrschaftshäuser in ihre Umgebung ein. Dies ist 1906 beim Haus Bonatz I der Fall und genauso noch 1954 beim Haus Süren.

Weitere Gestaltungsmerkmale offenbaren die Zeichnungen beim Haus Fritz Roser, 1914, Stuttgart. Auf der Gartenseite ist rechts ein Baum eingezeichnet, der in der Ausführung durch ein Teehäuschen ergänzt wird (S. 38–41). Es ist offensichtlich, daß Bonatz diese Stelle nicht ungestaltet sein lassen wollte. Aufschlußreich sind auch die beiden Postamente mit Bepflanzung beidseits der Terrassentür: Bei der Ausführung werden sie von zwei plastischen Gruppen ersetzt. Es zeigt sich, daß die Frage, was an diese Stellen hinkommt, nebensächlich ist. Entscheidend ist, daß hier der Raum gegliedert wird. Das Haus Bonatz III, 1921, Stuttgart, wird von einer Hecke gesäumt, und an der Laube ranken Pflanzen hoch (S. 46–47). Damit wird die Absicht, das Haus in die Natur einbetten zu wollen, unterstrichen. Noch deutlicher wird dieses Streben bei dem Entwurf für das Haus einer alleinstehenden Dame, 1925: In der Pergola begegnen sich, genauso wie im Altan, Architektur und Natur sinnbildlich durch die emporrankenden Pflanzen (S. 63). Beim Haus Henkell, 1922, Berlin, wird das fast fensterlose Erdgeschoß auf der Nordseite von Bewuchs überzogen (S. 51). Dieser bei Bonatz gelegentlich zu beobachtende ›horror vacui‹ wird für das Haus Woernle, 1928, Stuttgart, überliefert (S. 76). Der bereits angesprochene mögliche Unterschied zwischen Architekturzeichnung und gebauter Architektur ist beim Haus Kleinschmit von Lengefeld, 1920, Korbach, zu sehen. Die Skizze von Bonatz zeigt, wie er das Haus durch eine Baumreihe und einen langen Zaun mit seiner Umgebung in Beziehung setzen wollte. Das Foto dokumentiert hingegen die unvollständige Verwirklichung dieser Planung (S. 37).

Ob bei den Häusern Dreifus, 1924, und C., 1930, oder dem Entwurf für das Haus Ozan, 1954: die Architekturzeichnungen von Paul Bonatz zeugen von dem Versuch, durch Bäume oder bewachsene Pergolen den Baukörper und seine Umgebung in Beziehung zu setzen (S. 62, 77, 87). Die an anderer Stelle schon beschriebenen Bemühungen Bonatzscher Hausbaukunst um das Einbinden des ›Menschenwerks‹ in die ›Natur‹ werden von den Architekturzeichnungen bestätigt.

In fünf Fällen können wir uns nur durch Zeichnungen einen Eindruck von konkreten, aber nicht verwirklichten Hausprojekten verschaffen. Der Entwurf für ein großes Wohnhaus, 1923, Köln, wurde 1927 und 1985 veröffentlicht, fand aber sonst keine Beachtung (S. 59). Eine Federskizze von Bonatz zeigt, wie er sich das Haus Scheufelen, 1935, Stuttgart, vorgestellt hat (S. 81). Damit werden die allgemein gehaltenen Aussagen in der Veröffentlichung des schließlich von Kurt Dübbers erbauten Hauses über den Anteil von Bonatz wesentlich ergänzt. Die Pläne für das Haus Ozan, 1954, Istanbul, sind insofern wichtig, weil sie bestätigen, daß Bonatz aus dem ›genius loci‹ heraus entwarf und am Bosporus daher das Flachdach wählen konnte (S. 87).[107] Gemäß der örtlichen Gepflogenheit legte er tiefe Loggien vor die Südseite. Eine Skizze der Südansicht führt vor Augen, wie Bonatz mit Hilfe der Pergola, des Altans und der Loggien als Architekt Tiefe schafft. In der Zeichnung wird dieser Eindruck verstärkt durch die Angabe von Schatten in den Loggien, unter der Traufe und durch den angedeuteten Vordergrund im Garten. Vier Kohleskizzen von Bonatz zeigen verschiedene Gestaltungsmöglichkeiten für die Gartenfront beim Haus Bühler, 1925, Göppingen (S. 68–69). In einem Brief an den Bauherrn bevorzugt er eine Variante mit durchgehendem Hauptgesims, denn:

»Hierdurch werden die Fenster des Erdgeschosses und des Obergeschosses energischer als gleichmäßige Reihung ausgesprochen, die Verhältnisse erhalten mehr Sicherheit und Ruhe, als Nachteil müßte der Wegfall des Südbalkons in Kauf genommen werden.«

Eine andere Kohleskizze von 1956 veranschaulicht, wie Bonatz sich den nachträglichen Ausbau des Dachgeschosses beim Haus Hans Roser, 1923, Stuttgart, vorstellt (S. 54). Der zu beobachtende unterschiedliche Charakter vieler Pläne hängt oft mit ihrem Erhaltungszustand zusammen. Tatsächlich ändert sich aber auch ihre Machart. Teilweise werden

Schatten durch Schraffierung der Mauern angegeben, wodurch der Baukörper plastischer wird, in anderen Fällen werden nur exakte Linien gezogen. Manchmal wird die Art der Dachdeckung gezeichnet, angedeutet, oder es wird völlig darauf verzichtet. Eine Rolle spielen auch die verschiedenen Schrifttypen beziehungsweise die gelegentliche Verwendung der Sütterlinschrift. Immer wieder zeigt sich eine Neigung zu ornamentalen Schriften, besonders auffallend beim Haus Dreifus, 1924, Stuttgart (S. 62). Die Persönlichkeit von Bonatz findet in humorvollen Gestalten ihren Ausdruck, die Mitarbeiter zu seiner großen Erheiterung in manche Pläne einzeichneten (S. 48).[108] Insgesamt betrachtet zeigen die Architekturzeichnungen von Paul Bonatz eine Abneigung gegen Abstraktes und verraten im Gegenteil das Bemühen um Lebendigkeit. Damit gehört Bonatz zur traditionalistischen Strömung der zwanziger Jahre wie etwa Heinrich Tessenow.[109]

Einflüsse

In einem Vortrag wendet sich Bonatz gegen schematisches Gestalten, denn:
> »Das, worauf es ankommt, liegt dahinter, es muß Herz und Drang und Wärme da sein...«[110]

Daß Bonatz solche Werte erstrebt,[111] dürfte auf den Einfluß seines Lehrers Theodor Fischer zurückgehen.[112] Er selbst berichtet, wie Fischer von Gabriel Seidl gelernt habe,
> »...daß es volksnähere Quellen gäbe als Vitruv und Palladio. Mit dem Bau des Bayrischen Nationalmuseums erschloß Gabriel Seidl den ganzen Reichtum der Heimat. Um 1900 baute Fischer den schönen Bismarckturm am Starnberger See, zeitlos gut. Endlich hat einmal wieder ein Baumeister gezeigt, was Stein ist, wie man ihn zum Leben weckt. Fischers Erneuerung kam vom Erfassen der Handwerke, der Materialien, er baute vom Empfundenen her, endlich waren die Dinge wieder plastisch, von Blut erfüllt, es war das Leben, nicht die Geschicklichkeit eines Schulschemas... Wie sollten es nun Assistent und Schüler neben solchem Meister und solchem Übergewicht halten? Die einzige Rettung war, die Dinge viel einfacher anzupacken... etwas hat er uns ins Blut gesetzt, vor allem mir, seinem eifrigsten Jünger: die Romantik.... zur Hälfte bin ich von ihm gefördert, aber zur anderen Hälfte belastet, das heißt, mit zu viel Romantik geimpft, die nie mehr aus dem Blut geht... es liegt nur an dir selbst, ob du aus dieser Impfung Gutes entwickelst. Setze die Romantik um in Freiheit, setze sie um in Wärme, dann hast du deinem Meister, der deinen Lebensweg so sehr beeinflußt und so sehr gefördert hat, ... für alles zu danken, was er dir gab.«[113]

Aus Briefen von Bonatz ist die Grenzziehung zu Fischer genauer zu entnehmen. Er wirft seinem Lehrer vor, »eben auch anders sein« zu wollen.[114] Hier taucht der bereits erwähnte Wille von Bonatz wieder auf, sich als Individuum zurückzunehmen und ganz in den Dienst der Aufgabe zu stellen. Bonatz spricht vom »Einordnen in einen Gesamtwillen«.[115] Er denkt dabei an vergangene Blütezeiten wie die Antike, in der sich der einzelne nicht vorrangig selbst habe darstellen wollen. Beim Vergleich zwischen den Häusern von Fischer und von Bonatz können Gemeinsamkeiten entdeckt werden. Das Haus Harries, 1907, beispielsweise ist wie ein Bonatz-Haus breitgelagert, hat ein geschlepptes Walmdach und besitzt herrschaftlichen Charakter. Auch scheint die Dachgestaltung beim Haus Gminder, 1907, an Bonatz-Häusern wiederzukehren.[116] Hieraus einen unmittelbaren Einfluß Fischers ableiten zu wollen, wäre jedoch spekulativ.[117] Nahe liegt hingegen, daß die von Bonatz genannten allgemeinen Gestaltungsprinzipien Fischers die behandelten Herrschaftshäuser beeinflußt haben: die romantische Bindung an die Tradition, die Liebe zum Material und zum Handwerk und das Sich-Einfühlen.[118] Es ist ein Hauptziel von Bonatz, mit seinen Bauten »in den ›auch‹ von Muthesius geforderten Gesamtwillen einzumünden«. Neben diesem Berührungspunkt gibt es in Muthesius' dreibändigem Werk *Das englische Haus* zahlreiche Aussagen, die sich genauso gut auf die Herrschaftshäuser von Paul Bonatz anwenden ließen. An einigen charakteristischen Stellen wurden die betreffenden Passagen von Muthesius zitiert. Wie schon bei Fischer gilt hier, daß sich trotz erstaunlicher Parallelen Muthesius' unmittelbarer Einfluß nicht nachweisen läßt. Es dürfte sich vielmehr darum handeln, daß Muthesius in seiner Bestandsaufnahme der englischen Wohnhausarchitektur den Geist der Zeit besonders klar verdichtet hat.[119]

Wollte man nach Parallelen in der Architekturgeschichte suchen, ließe sich eine ganze Liste vermeintlicher Einflüsse aufstellen. Viollet-le-Duc beispielsweise fordert wie Bonatz ein Bauen, das sich am Klima orientiert, und kritisiert die Mode, Häuser bestimmter Landschaften einfach an anderen Orten mit eigenen Bautraditionen zu errichten.[120] Konkreter wird es, wenn Bonatz selbst schreibt:
> »Ich stand ›als junger Architekt unter dem Einfluß des Bayrischen Nationalmuseums von Seidl‹ ... und unter den Eindrücken der elsässischen Bauten, des ausgehenden deutschen Mittelalters und der deutschen Renaissance. Die französischen feinen Dinge der Barockzeit sagten mir damals noch wenig...«[121]

Die ersterwähnten Einflüsse spiegeln sich in den Wettbewerbsentwürfen kurz nach 1900 wider.[122] Aber schon beim Haus Nill, 1905, Stuttgart, ist davon kaum mehr etwas zu spüren (S. 30). »Die französischen feinen Dinge der Barockzeit« mögen sich bei Häusern wie Bonatz II, 1911, Hassler, 1923, oder Liebrecht, 1923, auswirken (S. 33–35, 53, 56–57). Die Untersuchung stößt hier an Grenzen.

Betrachtet man die vorliegenden vierundvierzig Herrschaftshäuser und Hausentwürfe von Paul Bonatz, so fällt auf, daß keine kontinuierliche Entwicklung zu erkennen ist, die etwa mit schloßartigen Häusern beginnen könnte, dann zu einem eigenständigen Typ des repräsentativen Hauses führen würde, um schließlich mit schlichten Bürgerhäusern zu enden. Dies ist ein Wunschbild. Die Wirklichkeit ist vielschichtiger. Das Haus Hoffmann, 1934, Bonatz' Ferienhaus, 1935, das Schloß von der Schulenburg, 1938, und das Haus Süren, 1954, mögen die Vielfalt und Vielseitigkeit seiner Bemühungen um den ›herrschaftlichen Wohnhausbau‹ darstellen (S. 80, 82, 84–85, 86). Diese Tatsache hat ihren

Ursprung darin, daß der Architekt sich in jedem einzelnen Fall bemüht, aus den verschiedenen Elementen des Bauplatzes, der sachlichen Bedürfnisse, der persönlichen Wünsche und der Eigenart des Bauherrn ein lebendiges Ganzes zu bilden, das in seiner Umgebung wie selbstverständlich ruht. Aus diesem individuellen Vorgehen erklärt sich, warum es *das* Bonatz-Haus nicht gibt. Inwieweit die von Bonatz selbst gegebene Zielsetzung, »Wärme und Ruhe und Heimatgefühl«, verwirklicht wurde, läßt sich pauschal nicht beantworten. Die Tatsache, daß die Mehrzahl der Häuser noch steht, spricht jedoch für eine zeitlose Gestaltung.

Versuch einer Einordnung

Zunächst wird versucht, die Herrschaftshäuser von Paul Bonatz unter drei Gesichtspunkten einzuordnen. Es sind dies: ihre Stellung im Gesamtwerk des Architekten, unter seinen Wohnbauten und im Wohnhausbau, wie er sich in zeitgenössischen Übersichtswerken niederschlägt. Das Gesamtwerk von Bonatz ist so vielseitig und umfangreich, daß die Herrschaftshäuser zahlenmäßig eine untergeordnete Rolle spielen.[123] Wichtige Schwerpunkte sind Großbauten wie Brücken, Verwaltungsgebäude oder die Staustufen der Neckarkanalisierung. Bonatz hat außer den Herrschaftshäusern auch andere Wohnbauten entworfen.[124] Besonders hervorzuheben sind die vier Siedlungen in Friedrichshafen, Stuttgart, Dortmund und Ankara, die sein soziales Interesse offenbaren.[125] Sie beschäftigen Bonatz zwischen 1914 und 1946 und lassen es gerechtfertigt erscheinen, sie neben den Herrschaftshäusern als seine Schwerpunkte im Wohnungsbau anzusprechen. Die von Zeitgenossen übereinstimmend zu hörende Charakterisierung von Bonatz als »Grandseigneur« zeigt, daß die Herrschaftshäuser seinem Wesen vermutlich besonders entgegenkommen.[126]

Die folgende Betrachtung beschränkt sich auf die Zwischenkriegszeit (1919–1939), weil die meisten Herrschaftshäuser aus jener Epoche stammen (37 von 44) und weil für diesen Abschnitt der Hausentwicklung gute Übersichtswerke vorliegen.[127] Hier lassen sich drei ›Richtungen‹ unterscheiden, die als ›traditionsgebunden‹, ›gemäßigt modern‹ und ›modern‹ bezeichnet werden können.[128] Die Tabelle zeigt, in welchem Maß sie von den Verfassern berücksichtigt werden:

Verfasser	Verhältnis	Absolute Zahlen
Fries	19 : 1 : 1	113 : 9 : 6
Müller-Wulckow	1 : 1 : 1	36 : 27 : 42
Eckstein	2 : 1 : 5	26 : 11 : 53
Pfister	27 : 1 : 1	137 : 5 : 5

Eckstein rückt als einziger Verfasser die ›Modernen‹ in den Mittelpunkt, während Müller-Wulckow sich um ein ausgewogenes Bild der verschiedenen ›Richtungen‹ bemüht. Fries und Pfister unterscheiden sich von diesen beiden, indem sie die ›Traditionsgebundenen‹ bevorzugen. Solche Wohnhäuser scheinen das Bild jener Jahre zu bestimmen, so daß Eckstein sie an zweiter Stelle berücksichtigt.[129] In diese vorherrschende ›traditionsgebundene Richtung‹ ordnen sich die Herrschaftshäuser von Paul Bonatz ein.

Im folgenden wird versucht, die Stellung der Herrschaftshäuser im Wohnhausbau aufgrund ihrer Charakteristika zu bestimmen. Die Gemeinsamkeiten mit den Häusern von Architekten wie Schmitthenner oder Tessenow sind offensichtlich. Schmitthenner achtet wie Bonatz auf die örtliche Bautradition und die umgebende Natur.[130] Denis Boniver spricht vom »Zusammenwachsen von Körper, Raum und Garten zu letzter Einheit«.[131] Unterschiede zwischen beiden Freunden sind aber zu erkennen. Schmitthenner sucht die »Geschlossenheit des Baukörpers« und behauptet mehrdeutig von sich:[132] »In dreißig Jahren ist mir auch gar nichts Neues eingefallen.«[133] Bei Bonatz hingegen ist das Bemühen erkennbar, zu vereinfachen und jedes Mal aufs neue den individuellen Gegebenheiten gerecht zu werden. An anderen Stellen wurde gesagt, es gäbe das ›typische‹ Bonatz-Haus nicht. Das ›typische‹ Schmitthenner-Haus gibt es.

Weitere Unterschiede lassen sich im Detail verfolgen. Während Schmitthenner seine zierlichen Fenster flach in die Mauern setzt, liebt Bonatz kräftigere Dimensionen und tiefe Laibungen. Die Verwendung alter Dachziegel für Neubauten ist kennzeichnend für Schmitthenner, bei Bonatz aber unvorstellbar. Tessenow sucht ebenfalls die Einbindung seiner Häuser in die Natur und lehnt wie Bonatz die Selbstdarstellung als Architekt ab.[134] Ausgangspunkt für ihn und Architekten wie Mebes und Schultze-Naumburg ist die Zeit um 1800.[135] Schmitthenner bezieht sich auf Goethes Gartenhaus.[136] Zwar ist auch bei Bonatz die Wertschätzung für jene Architektur zu spüren, aber er betrachtet sie ähnlich wie Tessenow als Anknüpfungspunkt für die Weiterentwicklung und verfällt nicht in Nachahmung.[137] Die teilweise Übereinstimmung mit Schultze-Naumburg ist eindeutig.[138] Dennoch, das Trennende ist stärker als das Verbindende: 1931 erklärt Bonatz seinen Austritt aus der Architektenvereinigung ›Der Block‹ wegen unüberbrückbarer »Meinungsverschiedenheiten« mit Schultze-Naumburg.[139] Die Fronten zwischen dem avantgardistischen ›Ring‹ und dem der Tradition verpflichteten ›Block‹ sind nicht so klar, wie es den Anschein haben mag. Auf der einen Seite gehört Tessenow dem ›Ring‹ an, auf der anderen Seite Bonatz dem ›Block‹. Beide Architekten zeigen in ihren Häusern jedoch Gemeinsamkeiten und versichern sich in Briefen ihrer gegenseitigen Hochschätzung.[140] Daß Bonatz aus dem ›Block‹ austritt zeigt, wie er buchstäblich zwischen den Fronten steht.[141] Die Entscheidung in der Frage Flach- oder Steildach hat die Gegensätze kraß zutage treten lassen. Daß Bonatz wegen dieser Frage aus dem Weißenhof-Projekt ausstieg und den Deutschen Werkbund verließ, ist nicht nur für seine weitere Tätigkeit wirksam geworden, sondern hat sich auch auf das Klima innerhalb der Architektenschaft nachteilig ausgewirkt.[142] Gibt es zwischen Bonatz und einem Architekten wie F. L. Wright noch Gemeinsamkeiten, so ist die Abgrenzung zu Le Corbusier und Mies van der Rohe offensichtlich.[143] Paul Bonatz gehört mit seinen Herrschaftshäusern zu den traditionsbewußten Architekten wie Schmitthenner, geht aber deutlicher seinen eigenen Weg. Als einziger Architekt aus diesem Kreis beschäftigt er sich intensiv mit Ingenieurbauten.

Nachwort

In seiner Autobiographie stellt Paul Bonatz fest, daß »dreiviertel etwa von dem«, was er gebaut habe, zerstört sei.[144] Am Ende dieses Buches stellt sich die Frage, welcher Schritte es bedarf, um das Lebenswerk von Bonatz für die Nachwelt zu sichern und um ihn als Architekten in seiner Eigenart besser begreifen zu können. Wie einige Beispiele beweisen, gefährdet die Zeit den Bestand der wenig bekannten Privathäuser. Im Sommer 1986 wurde das Haus Springorum, 1927, Dortmund, gegen den Willen der Denkmalbehörde abgerissen, und dasselbe Schicksal droht dem ›Ökonomiegebäude‹ des Hauses Hornschuch, 1924, Kulmbach (S. 64–65). Besser geschützt sind mittlerweile die großen Bauten der Allgemeinheit und erst recht die berühmten Werke wie etwa die Sektkellerei Henkell, 1907–1909, Wiesbaden. Noch in den siebziger Jahren war es trotz breiten Protests möglich, durch eine Teilsanierung den Stuttgarter Hauptbahnhof, 1911–1928, in seiner Wirkung bis zum heutigen Tag zu beeinträchtigen. Man ersetzte die Sprossenfenster und die Eingangstüren durch moderne, aber unpassende Industrieerzeugnisse.

Voraussetzung für eine umfassende Sicherung des gesamten Werks von Bonatz ist die Katalogisierung. Wichtig hierbei ist das Sicherstellen von Plänen, Skizzen und Schriftquellen, zumal die Bürounterlagen im Zweiten Weltkrieg weitgehend verbrannt sind. Mit dem Katalog der Herrschaftshäuser wurde für den Schutz der besonders gefährdeten Werke ein Anfang gemacht. Die dabei gemachten Neuentdeckungen lassen auch für das übrige Werk auf Überraschungen hoffen. Anhand der Häuser wurde auch versucht, einigen Gestaltungsmerkmalen von Bonatz, wie vor allem dem Einfügen in die Umgebung, nachzugehen. Das Bemühen um ein besseres Verständnis des Architekten Bonatz müßte jetzt wohl dort ansetzen, wo er selber einen Schwerpunkt seines Schaffens sah: bei seinen technischen Bauten und bei seinem Streben, die Spaltung des »Baumeisters« in Architekt und Ingenieur zu überwinden.[145] In einem Vortrag mit dem Titel *Das Zusammenwirken von Ingenieur und Architekt* aus dem Jahr 1936 befaßt sich Bonatz mit diesem Problem. In der ersten Hälfte des 19. Jahrhunderts sieht er eine Zeit, in der noch »Baukultur« herrschte. Darunter versteht er:

> »... eine geistige Ausrichtung, das Streben nach Würde und Haltung. Es bedeutet den gemeinsamen Willen einer Epoche zu einem Ethos, das über dem nur Zweckmäßigen und nur Richtigen steht. Diese Männer hatten noch eine umfassende Bildung über das ganze Gebiet des Bauschaffens, sie waren noch keine Spezialisten. Neben der Sorge um die gute Form ging die Gewissenhaftigkeit für das Detail, den Maßstab, das Handwerk, die Einfügung in die Landschaft und vieles mehr.«[146]

Um 1870 sei diese »Baukultur« dem Ingenieur und dem Architekten abhanden gekommen. Die Spaltung des »Baumeisters« in Ingenieur und Architekt hat sich in den Augen von Bonatz nur deshalb nachteilig ausgewirkt, weil die Statik und Konstruktion den Ingenieur ganz in Anspruch nahmen und er seine Aufgabe nur darin sah, »das statisch, technisch und wirtschaftlich beste Konstruktionssystem« zu finden.[147] Zwar anerkennt Bonatz die »Eigenschönheit« von Ingenieurbauten grundsätzlich, aber sie sei noch die Ausnahme. Ansetzen will er an der Ausbildung.[148]

Bonatz hatte als Assistent an der TH Stuttgart einen Lehrauftrag mit dem Titel *Bauformenlehre für Ingenieure*.[149] An diese Erfahrungen knüpfte er später bei der Schulung von Ingenieuren für den Autobahnbau wieder an. Auch ein Blick auf sein Gesamtwerk verrät sein großes Interesse an Ingenieurbauten.[150] Mit Brücken beschäftigte er sich seit der Wallstraßenbrücke, 1907, Ulm, immer wieder. Bonatz ist es ein Anliegen, seine Ingenieurbauten in die Landschaft harmonisch einzufügen. Kennzeichnend für ihn ist das Bemühen, alle Projekte sachlich anzugehen und die Eigenart der einzelnen Bauaufgabe zu erkennen. Bonatz, der von sich selber sagt, er habe sich »nie einer Richtung verschrieben«, mußte als Architekt unseres Jahrhunderts seinen Platz in der Auseinandersetzung mit der rationalen Welt des Ingenieurs finden. Es bedarf einer gründlichen Untersuchung, um seinen Weg zu überschauen, der in der Erkenntnis gipfelte:

> »Unter Schönheit verstehen wir heute nicht mehr das Beigefügte, sondern die Reinheit und Verständlichkeit der Form, das Sinnfällige des Kräftespiels, das Unterscheiden von schwer und leicht, von Lastendem oder Schwebendem, kurz die Ausdrucksstärke.«[151]

Im Zusammenhang mit den Ingenieurbauten muß sein widersprüchliches Verhältnis zum Dritten Reich untersucht werden.[152] Die Tragik von Bonatz scheint darin zu liegen, daß er durch seine Überzeugung, der Künstler habe sich als Individuum einem »Gesamtwillen« unterzuordnen und nicht nach Selbstdarstellung zu streben, die politische Realität des Nationalsozialismus am Anfang verkannt hat.

Ein weiteres Forschungsgebiet stellt die Rolle von Paul Bonatz als Lehrer an der TH Stuttgart dar und seine Bedeutung für die ›Stuttgarter Schule‹.

Die offenen Fragen zeigen, wie viel noch zu tun ist, bevor Paul Bonatz eine gerechte Beurteilung als Mensch und Architekt unseres Jahrhunderts finden kann. An den Schluß dieses Buches sei das architektonische Kredo von Bonatz gestellt:

> »Ich habe mich nie einer Richtung verschrieben. Es hat mich nie gereizt, zu denen zu gehören, die sagen: ›Seh'n Sie, ich bin derjenige, der immer diese gleiche Linie macht, daran erkennt man mich.‹ Ich fand das im Gegenteil langweilig, und die Welt ist so reich und die Aufgaben sind so verschieden. Warum Scheuklappen? Mir schien es zu genügen, wenn die Einheitlichkeit innerhalb des Einzelwerkes oder der Gruppen von Werken gewahrt blieb. Unbekümmert um ›Richtung‹ heißt doch nichts anderes, als jeder Art ihr Recht geben: dem Wohnhaus Wärme und Ruhe und Heimatgefühl, dem Juwelierladen alte Kultur, dem Bürohaus straffe Ordnung und Klarheit, dem Ehrenmal Heilbronn Ernst und Würde, den Bauten am Neckar Zweckerfüllung in Harmonie mit der Landschaft, dem Steinbau die Monumentalität der Dauer und der Stahlbrücke die knappste sachliche Schönheit –
> Die spätere Zeit wird uns nicht nach ›Richtung‹ beurteilen, dies ist ja kein Gradmesser. Sie wird auf den inneren Gehalt sehen, wird suchen, ob Leben und Spannung und Rang da ist. Laßt also jeden diese Werte in seiner Richtung suchen.«[153]

Anmerkungen

1 Vgl. zum Beispiel Hermann Muthesius, *Das englische Haus*, Bd. I, Berlin 1904, S. 149, 155; Erich Haenel, Heinrich Tscharmann, *Das Einzelwohnhaus der Neuzeit*, Bd. I, Leipzig 1909, S. 9, 70; Bd. II, S. 146, 164; Heinrich de Fries, *Moderne Villen und Landhäuser*, Berlin 1924, S. 3, 25, 114, 175; Gustav Adolf Platz, *Baukunst der neuesten Zeit*, Berlin 1927, S. 45; Walter Müller-Wulckow, *Wohnbauten und Siedlungen*, Königstein–Leipzig 1928, S. 11, 17, 46; Rudolf Pfister, *150 Eigenheime*, München 1951 (1. Aufl. 1932), S. 9, 11, 17, 27, 43; Hans Eckstein, *Neue Wohnbauten*, München 1932, S. 10, 68; Paul Schmitthenner, *Baugestaltung, Das deutsche Wohnhaus*, Stuttgart 1950, S. 48, 66, 77, 93; Julius Baum, ›Das 20. Jahrhundert‹, in: Werner Fleischhauer, Julius Baum, St. Kobell, *Die schwäbische Kunst im 19. und 20. Jahrhundert*, Stuttgart 1952, S. 176; vgl. auch *Wasmuths Lexikon der Baukunst*, Bd. III, Berlin 1931: »›Haus‹, vom altdeutschen hûs, hat den ›allgemeinsten sinn eines mittels zum bergen, eines unterschlupfs‹. Es ist sprachlich verwandt mit Haut und Hütte. Haus bezeichnet danach jedes Gebäude, das menschlicher Wohnung oder Beschäftigung dient.«
2 Vgl. Hermann Sörgel, ›Wohnhäuser‹, in: *Handbuch der Architektur*, begründet von Eduard Schmitt, Vierter Teil: Entwerfen, Anlage und Einrichtung der Gebäude, 2. Halbband, Heft 1, Leipzig 1927, S. 29ff., 115ff., 159ff.
3 Vgl. hierzu eine Veröffentlichung über das Haus Bühler mit dem Titel: ›Ein württembergisches Herrschaftshaus‹, in: *Deutsche Bauhütte*, XXXIV, 1930, S. 221; Max Weber definiert ›Herrschaft‹ wie folgt: »Herrschaft soll heißen die Chance, für einen Befehl bestimmten Inhalts bei angebbaren Personen Gehorsam zu finden.« Zitiert aus: *Wörterbuch der Soziologie*, hg. von Wilhelm Bernsdorf, Stuttgart 1969 (2. Aufl.), S. 357. Dieser Definition entspricht es, wenn der Herr oder die Dame des Hauses, die ›Herrschaft‹ im damaligen Sprachgebrauch, Hausangestellte mit der Verrichtung einer bestimmten Arbeit beauftragen.
4 Vgl. auch Reinhard Bentmann, Michael Müller, *Die Villa als Herrschaftsarchitektur*, Frankfurt a.M. 1970, S. 34, 96 (Alberti, Palladio und Scamozzi fordern von einer Villa neben »comodità«, »sanità« und »belezza« auch, daß von ihr »maestà« oder »magnificenza« ausgeht), 101, 102.
5 Vgl. zum Beispiel *Bautechnische Zeitschrift*, XXIII, 1908, S. 117; *Bauzeitung für Württemberg*, V, 1908, S. 4; *Neudeutsche Bauzeitung*, VI, 1910, S. 34; Rudolf Pfister, *130 Eigenheime*, München o. J., S. 41.
6 Vgl. *Neudeutsche Bauzeitung*, VI, 1910, S. 34; *Die Kunst*, XXIV, 1922/23, S. 113.
7 *Moderne Bauformen*, XII, 1913, S. 588: »Während die Villen ... ›anderer Architekten‹ fast alle den Charakter von Burgen ... mit starker Höhenentwicklung, Giebeln und Türmchen tragen, bevorzugte Bonatz ... die niedrige Breitenentwicklung des englischen Cottage. Während ... die englischen Landhäuser malerische, lose aneinander gereihte Baugruppen darstellen, ist das Haus Bonatz ein ganz einheitlich geschlossener Block ...«
8 Vgl. *Moderne Bauformen*, XXIV, 1925, S. 75.
9 Fritz Tamms, *Paul Bonatz, Arbeiten aus den Jahren 1907 bis 1937*, Stuttgart o. J., S. 30–33.
10 Vgl. Frank Werner, ›Paul Bonatz 1877–1956, Architekt ohne Avantgarde?‹, in: *Stuttgarter Beiträge*, XIII, 1977, S. 19.
11 Ebenda, S. 21.
12 Leonardo Benevolo, *Geschichte der Architektur des 19. und 20. Jahrhunderts*, Bd. II, München 1984, S. 178; Wolfgang Pehnt, ›Architektur‹, in: *Deutsche Kunst der 20er und 30er Jahre*, hg. von Erich Steingräber, München 1979, S. 80.
13 Wolfgang Voigt, ›Die Stuttgarter Schule und die Alltags-Architektur des Dritten Reiches‹, in: *Arch +*, Mai 1983, S. 64.
14 Abriß: 4 Besitzer; veränderter Wiederaufbau: 1 Bauherr, 2 Besitzer; Wiederaufbau in Anlehnung an den ursprünglichen Zustand: 4 Bauherren; Anbauten: 1 Bauherr, 4 Besitzer; Umbau: 4 Besitzer.
15 Es handelt sich um die Besitzer der Häuser Kopp, Strenger, Hassler, Liebrecht, Bühler und des Ferienhauses von Bonatz.
16 Vgl. Paul Bonatz, *Leben und Bauen*, Stuttgart 1950, S. 110–111; in einem Brief vom 22. Juli 1923 schreibt Bonatz über die Häuser Liebrecht, H. Roser, Hassler und jene in Köln: »... alles wegen der Teuerung wahnsinnig eilig, damit angefangen werden kann«.
17 Vgl. die Karte auf S. 11. Die Abkürzangen lauten Sbg. = Schloß von der Schulenburg bei Neumühle/Salzwedel, B = Berlin, H = Hannover, DO = Dortmund, KB = Korbach, D = Düsseldorf, K = Köln, KU = Kulmbach, S = Stuttgart, GP = Göppingen, G = St. Georgenhof bei Pfronstetten, FN = Friedrichshafen, OAL = Oberstdorf, SH = Schaffhausen. Die der Abkürzung folgende Ziffer gibt die Anzahl der Häuser an, falls mehr als ein Haus an einem Ort gebaut oder geplant wurde. Die Häuser E. und C. sind anonym, der Entwurf für das Haus einer alleinstehenden Dame kann nicht lokalisiert werden.
18 In einigen Fällen ist die Verbindung klar. Theodor Hahn lernte Bonatz beim Tennisspielen kennen, Georg Madelung war Kollege von Bonatz an der Technischen Hochschule Stuttgart, Annemarie Hoffmann stammt aus der Verlegerfamilie Hoffmann; im Verlag Julius Hoffmann erschienen zahlreiche Architekturbücher.
19 Mitteilung von Christoph Scheibler, Köln, vom 8. Juli 1986; »etwas Anderes«, also nicht Theodor Merrill oder Paul Pott zum Beispiel, die damals in Köln zahlreiche Herrschaftshäuser bauten.
20 Mitteilung von Klaus Liebrecht, Köln, vom 28. Mai 1986.
21 Vgl. Haus Luz und Schloß von der Schulenburg.
22 Es sind dies: Hans von Saalfeld, München, Roland Kiemlen, Stuttgart, Günther Gruber, Stuttgart, Jósza Spemann-Balog, Winchester, Ma., Wilhelm Tiedje, Stuttgart, Werner Vorster, Van Nuys, Ca., Ulrich Reinhardt, Tübingen, Curtis Fremond, Wading River, N.Y.
23 Vgl. Paul Bonatz, *Leben und Bauen*, S. 58.
24 Während Bonatz in *Leben und Bauen* den Zeitpunkt vage formuliert, »in diesen Jahren«, zwischen 1908 und 1910, wird bei Thieme-Becker das Jahr 1906 angegeben.
25 Briefe von Hans von Saalfeld, München, vom 18. Dezember 1985 und von Werner Vorster, Van Nuys, Ca., vom 2. Februar 1986.
26 Im Nachlaß Bonatz befinden sich die Gehaltslisten des Büros, die nur wenige Lücken aufweisen.
27 Die Todesanzeige stammt vom 31. Mai 1949.
28 Vgl. *Stuttgarter Beiträge*, XIII, 1977, S. 43.
29 Vgl. *Moderne Bauformen*, XII, 1913, S. 588; vgl. ferner *Die Kunst*, XXII, 1921, S. 130; *Moderne Bauformen*, XXIV, 1925, S. 74; in *Leben und Bauen* sagt Bonatz auf S. 110: »Seinem langgestreckten eingeschossigen freigegliederten Haus spürte man die Liebe für die englischen Cottages an.« (Bezogen auf Scholers Haus.)
30 Haus Hans Voith, Schwanenstraße 46, 7920 Heidenheim.
31 In den *Modernen Bauformen*, XII, 1913, S. 588, heißt es: »Während die Villen, zumal an den schönsten Halden Stuttgarts, fast alle den Charakter von Burgen ... mit starker Höhenentwicklung, Giebeln und Türmchen tragen, bevorzugte Bonatz ›beim Haus Bonatz II‹ durchaus die niedrige Breitenentwicklung des englischen Cottage.« Vgl. dazu Gebhard Blank, *Stuttgarter Villen im 19. Jahrhundert*, Stuttgart 1987; Klaus Merten, ›Die großbürgerliche Villa im Frankfurter Westend‹, in: *Studien zur Kunst des 19. Jahrhunderts*, Bd. 24, München 1974, S. 261 (Der Begriff Villa verdrängt ab der Mitte des 19. Jahrhunderts die Begriffe Land- oder Gartenhaus), S. 262 (Betonung der Straßenansicht), S. 262 (»distanziertes Verhältnis zum Garten«); Andreas Ley, *Die Villa als Burg, Ein Beitrag zur historistischen Architektur des 19. und 20. Jahrhunderts im südlichen Bayern*, o.O. o.J., S. 15. Abschätzig über die ›Villa‹ äußern sich: Paul Schultze-Naumburg, *Kulturarbeiten*, Bd. I; *Hausbau*, München o.J., S. 80; Haenel, Tscharmann, a.a.O., Bd. I, S. XLIV; Sörgel, a.a.O., S. 16; Karl Scheffler, *Die Architektur der Großstadt*, Berlin 1913, S. 57–58: »Eines der übelsten Produkte architektonischer Halbbildung, die es gibt ... das Erzeugnis moder-

nen Bildungsphilistertums ...«. Fritz Schumacher, *Strömungen in deutscher Baukunst seit 1800*, Leipzig 1935, S. 142, spricht von der Befreiung »von dem Gespenst der ›Villa‹«.

32 Vgl. Hermann Muthesius, *Das englische Haus*, Bd. I, Abb. 131; der ›Drawing room‹ ist laut Muthesius in England der »Brennpunkt des häuslichen Lebens«. In ihm herrscht die Frau. Er dient als Empfangs-, Gesellschafts-, Musik- und Wohnzimmer. Vgl. dazu *Das englische Haus*, Bd. III, S. 189.

33 Vgl. Hermann Muthesius, *Das englische Haus*, Bd. II, S. 165: »Die ausgeprägteste Anschauung ist die, daß das Haus niedrig gehalten und breitgelagert sein müsse ... ein Haus müsse breit und nicht hoch sein, wie könne man sonst einen wohnlichen Eindruck erzielen?«

34 Vgl. *Moderne Bauformen*, XVIII, 1919, S. 2: »... anheimelnden Kleinhäuser für die Zeppelin-Werft Friedrichshafen, an denen F. E. Scholer besonderen Anteil hat ...«. Wie groß Scholers Einfluß beim ›Zeppelindorf‹ war und ob er bei der Heimstätten-Siedlung in Stuttgart-Weilimdorf sich ebenfalls nachweisen läßt, müßte gründlich untersucht werden (zum Beispiel anhand des Grundrisses beim ›Typ B‹).

35 Es steht, etwas verändert, in der Lenbachstraße 1, 7000 Stuttgart 1.

36 Ein Beispiel dafür ist das Haus Porsche.

37 Verglichen mit dem Grundriß des im Zweiten Weltkrieg zerstörten Bürohauses.

38 »Im anl. Brief habe ich Herrn Scholer noch wegen der unzureichenden Erwärmung des Esszimmers geschrieben, da er die technischen Seiten doch wohl bearbeitet hat.« (Brief von Anna Heine.) Mit Hingabe hat sich Scholer auch der Details angenommen, wie zum Beispiel dem Entwurf von Dachrinnenkesseln.

39 Vgl. Paul Bonatz, *Leben und Bauen*, S. 107.

40 Schweiz, Österreich, Norwegen, Schweden, Ungarn, Bulgarien, Türkei.

41 Scholer wird als großer Gartenfreund und Pflanzenkenner bezeichnet. Nach anthroposophischen Gesichtspunkten düngt er zum Beispiel den Komposthaufen bei Vollmond. Vgl. auch *Leben und Bauen*, S. 110. Bonatz hat keine Beziehung zum Gärtnerischen, wie er ebenda auf S. 112 bekennt.

42 Vgl. Paul Bonatz, *Leben und Bauen*, S. 110.

43 Vgl. Hubert Krins, ›Die Arbeitersiedlung ›Zeppelindorf‹ bei Friedrichshafen‹, in: *Denkmalpflege in Baden-Württemberg*, VIII, 1979, S. 46–65, hier vor allem S. 53. Die Wohnzimmer erinnern im Grundriß wieder an den ›Drawing room‹.

44 Aus Briefen von Bonatz vom Sommer 1923 und vom 15. März 1924 geht hervor, daß er auch die auswärtigen Baustellen mehrmals aufgesucht hat. Die Häufigkeit und Dauer läßt sich nicht genau bestimmen. In einem Brief heißt es: »Ich reise Morgen Sonntag früh bis längstens Dienstag nach Schaffhausen. Adresse Hassler-Christen.« Die Bauaufsicht bei den Kölner Häusern führten Mitarbeiter des Stuttgarter Büros, vgl. *Leben und Bauen*, S. 114–115. Aus dem Kennenlernen der Bauherrenfamilie entstehen oft Freundschaften, so zum Beispiel mit den Familien Henkell, Herstatt, Scheibler und Ozan.

45 In einem Brief von Jósza Spemann-Balog vom 19. Januar 1986 heißt es: »P. Bonatz war bestimmt und sicher als Architekt mit der Gabe, das Wesentliche und Richtige auf den ersten Blick zu finden.« Curtis Fremond berichtet in einem Brief vom 1. Januar 1986: »Bonatz' Lösung, die Entwurfsidee ... kam gewöhnlich völlig endgültig in gut entwickelten Skizzen aus seinem Privatbüro ... Selten hat er während der Entwicklung seine Meinung geändert ... Die von ihm gewählte Lösung, die ›richtige‹, fand er instinktiv sicher, direkt und geschwind.«

46 Vgl. *Leben und Bauen*, S. 185.

47 Vgl. auch Hermann Muthesius, *Das englische Haus*, Bd. II, S. 97: »Eine geeignete und würdige Erschließung in den Garten hält man aber beim englischen Hause für unumgänglich nötig und niemals würde man sich hier zu dem auf dem Festlande üblichen hochliegenden Erdgeschoß entschließen, aus dem eine Art Hühnerstiege in den Garten hinabführt, die mehr eine Trennung als eine Verbindung andeutet.«

48 Die Gartenfront beim ersten Entwurf ist ganz geschlossen, während sie in der Ausführung auf den Garten eingeht. Beim Haus Nill ist die Absonderung vom Garten unübersehbar.

49 Beispiele dafür sind die Häuser Scheibler, Hoffmann, St. Georgenhof, C. und das Schloß von der Schulenburg.

50 Vgl. auch Paul Bonatz, *Leben und Bauen*, S. 185.

51 Wesentliches Merkmal dieser Ausprägung ist die Breitenlagerung. Vgl. auch Hermann Muthesius, *Das englische Haus*, Bd. II, a.a.O., S. 165: »Die ausgeprägteste Anschauung ist die, daß das Haus niedrig gehalten und breit gelagert sein müsse. Gegen die festländische Villa hat der Engländer von vornherein den Einwand, daß an ihr das Wesen des Hauses nicht verstanden sei, da sie, statt in die Breite, in die Höhe ginge; ein Haus müsse breit und nicht hoch sein, wie könne man sonst einen wohnlichen Eindruck erzielen? Man mag dieses Urteil bekämpfen, aber man wird doch zugestehen müssen, daß hier eines der sprechendsten Motive des Hausbaues klar erkannt worden ist: der Ausdruck des Schützenden ... Das altgermanische Motiv dafür ist das Dach ...«

52 Schon in den zwanziger Jahren herrschte unter Stuttgarter Bauherren die Ansicht, Bonatz baue seine Häuser ›von außen nach innen‹. So stießen vor allem die Räume in den ausgebauten Dachgeschossen wegen ihrer Schrägen und mangelhaften Belichtung auf Kritik. Mitteilung von Hans-Georg Roser, Stuttgart, vom 9. Dezember 1985. Die gegenteilige Meinung herrschte laut einer Mitteilung von Christoph Scheibler, Köln, vom 8. Juli 1986, unter Kölner Bauherren.

53 Zum Beispiel die Häuser Fritz Roser, Henkell, Hassler, Dreifus, Entwurf für das Haus S., Eberspächer, Bühler, Woernle.

54 Vgl. dazu Hermann Muthesius, *Landhaus und Garten*, München 1925, S. 12: »Wenn ... infolge der klassischen Architektur der Abort dasselbe Fenster erhält wie der Festsaal, wenn die Kleiderablage dunkel gelegt werden muß, weil an dieser Stelle der Fassade kein Fenster angebracht werden darf, wenn Küche und Wirtschaftsräume in den Keller wandern müssen, weil sie sich architektonisch ins Erdgeschoß nicht einfügen lassen, wenn die Gastzimmer in dem flachen Dach mit Deckenlicht beleuchtet werden, dann kann man wohl von einer Vergewaltigung des Bedürfnisses reden. Mögen bei einem Staatsgebäude, das eine öffentliche Bedeutung hat, derartige Zwangsgestaltungsformen gerechtfertigt sein, das Wohnhaus des Bürgers sollte sich freier entfalten können.« Vgl. zum Beispiel die Häuser Müller, Vorster, Luz, Herstatt, Strenger, Porsche, Liebrecht, Vischer, Scheibler, Arntzen, Madelung, Süren.

55 Vgl. die Häuser Kleinschmit von Lengefeld, St. Georgenhof und das Ferienhaus von Bonatz.

56 Vgl. Paul Bonatz, *Leben und Bauen*, S. 84, 129–130, 158–159, 190–192, 230–231, 254; Bonatz beschäftigt sich immer wieder mit dem Verhältnis von Landschaft und Bauwerk. Seine Staustufen, Brücken oder die Oper in Ankara zeugen von diesen Bemühungen. Vgl. auch Jörg Haspel, Jürgen Zänker, ›Die Holzsiedlung auf dem Stuttgarter Kochenhof 1933‹, in: *Arch +*, Dezember 1983, S. 54; Jürgen Joedicke, ›Über Architektur und Architekturlehre in Stuttgart‹, in: *Bauen und Wohnen*, XXXVI, 1981, Heft 5, S. 47; *Der Profanbau*, VII, 1911, S. 91–92; Sörgel, a.a.O., S. 17; Haenel, Tscharmann, Bd. I, a.a.O., S. XLVII; dieses Anschmiegen an den Bauplatz ist also keineswegs nur bei Bonatz zu finden. Er ist in dieser Hinsicht aber besonders interessant, weil er ein so vielfältiges Schaffen aufzuweisen hat: Wohnhäuser, Brücken, Staustufen usw.

57 Paul Bonatz, *Hangbebauung in Stuttgart, Kritik und Ausblick*, Vortrag vom 2. März 1933, S. 6.

58 Vgl. Paul Bonatz, *Leben und Bauen*, S. 109–110.

59 Paul Bonatz, *Hangbebauung in Stuttgart, Kritik und Ausblick*, Vortrag vom 2. März 1933, S. 1, 4, 5, 6, 7.

60 Paul Bonatz, *Die Erneuerung des Baurechts,* Vortrag vom 15. Dezember 1933, S. 6.

61 Vgl. dazu Bruno Taut, *Der neue Wohnbau,* Leipzig–Berlin 1927, S. 22–23.

62 Mitteilung von Roland Kiemlen, Stuttgart, vom 11. Dezember 1985.

63 Es handelt sich um die Häuser Nill, Arntzen und Liebrecht.

64 Bei dem betonten Willen von Bonatz, die örtliche Bautradition zu berücksichtigen, kann ein Einfluß der Bungalow-Architektur wohl ausgeschlossen werden.

65 Vgl. dazu: Paul Schultze-Naumburg, *Flaches oder geneigtes Dach? Mit einer Rundfrage an deutsche Architekten und deren Antworten,* Berlin 1927, S. 69, 70; Sörgel, a.a.O., S. 190; Hermann Muthesius, *Landhaus und Garten,* S. 13; Heinrich Tessenow, *Wohnhausbau,* München 1927 (3. Aufl.), S. 43–45; Paul Schmitthenner, *Gebaute Form,* Leinfelden-Echterdingen 1984, S. 46; Richard Döcker, ›Das Problem des Dachs‹, in: *Die Kunst,* XXXI, 1930, S. 41–44; Ernst May, ›Das flache Dach‹, in: *Die Bauzeitung,* XXV, 1928, S. 2–4, 10, 531, 535; Bruno Taut, *Der neue Wohnbau,* S. 26, 45, 57, 67; Richard Klapheck, ›Neue Baukunst in den Rheinlanden‹, in: *Zeitschrift des Rheinischen Vereins für Denkmalpflege und Heimatschutz,* XXI, 1928, S. 200–202.

66 Vgl. Hermann Muthesius, *Das englische Haus,* Bd. II, a.a.O., S. 192.

67 So zum Beispiel beim Haus Arntzen.

68 Vgl. Paul Bonatz, *Leben und Bauen,* S. 222.

69 Vgl. Paul Bonatz, ›Welchen Weg geht die deutsche Baukunst?‹, in: *Baugilde,* XV, 1933, S. 833–834.

70 Vgl. Paul Bonatz, *Leben und Bauen,* S. 267–268.

71 Vgl. die Häuser Müller, Vorster, E.; vgl. auch Emil Fahrenkamp, ›Ein Backsteinhaus von E. Fahrenkamp‹, in: *Deutsche Kunst und Dekoration,* Bd. 42, 1918, S. 74 (er setzt sich für den Backsteinbau im Rheinland ein).

72 Vgl. die Häuser Bühler, Hahn, Hoffmann.

73 Vgl. die Häuser Kleinschmit v. Lengefeld, St. Georgenhof, Ferienhaus Bonatz.

74 Vgl. die Häuser Müller, Vorster, Scheibler, Arntzen, Springorum, E. für den ›Norden‹ und F. Roser, Bonatz III, Hassler, Vischer, Dreifus, Hornschuch, Eberspächer, Bühler, Hahn für den ›Süden‹.

75 Vgl. die Häuser H. Roser, Hahn, Porsche, Scheibler (weiß) bzw. F. Roser, Bühler, Hassler (rosa).

76 Die Wohnzimmerdecke ist aus Beton!

77 Mitteilung von Grit Revellio, Stuttgart, vom 27. Juni 1986.

78 Mitteilung von Iwan-D. Herstatt, Köln, vom 22. April 1986; vgl. auch die Häuser Scheibler, Entwurf für ein großes Wohnhaus, Hornschuch, Entwurf für das Haus S.; Roland Kiemlen, Stuttgart, weist in einem Gespräch vom 11. Dezember 1985 darauf hin, daß Bonatz einmal gefundene Motive gerne wiederverwendet hat.

79 Brief von Jósza Spemann-Balog, Winchester, Ma., vom 19. Januar 1986.

80 Die Bauherren erhielten deshalb einen Bußgeldbescheid von der Baubehörde.

81 Vgl. Paul Bonatz, *Leben und Bauen,* S. 109.

82 Vgl. Sörgel, a.a.O., S. 181–182.

83 Vgl. Hermann Muthesius, *Das englische Haus,* Bd. II, a.a.O., S. 86 (in England sind hohe Gartenmauern beliebt wegen der ›privacy‹. In Deutschland waren damals ›Drahtgitterzäune‹ beliebt. Das Aufsehen, das der weiße Holzgartenzaun beim Haus Nill erregt hat, wird so verständlich).

84 Vgl. Hermann Muthesius, *Das englische Haus,* Bd. II, a.a.O., S. 100 (unter den Sondergärten spielt in England der Rosengarten eine besondere Rolle).

85 Vgl. Hermann Muthesius, *Das englische Haus,* Bd. II, a.a.O., S. 85.

86 Mitteilung von Roland Kiemlen, Stuttgart, vom 11. 12. 1985.

87 Vgl. Klaus Merten, a.a.O., S. 262–263. Er verweist darauf, daß historische ›Villen‹ zur Straße hin orientiert sind und ein »distanziertes Verhältnis zum Garten« haben. Beim Haus F. Roser spielt die Straßenansicht zwar eine bedeutende Rolle, jedoch wird mit großem Aufwand eine Beziehung geschaffen zwischen ›Architektur‹ und ›Natur‹.

88 Hermann Muthesius, in: *Das englische Haus,* Bd. I, a.a.O., sagt über das englische Haus: »Wie es, vom Blumengarten umgeben und von der Straße weit abgewandt, sich nach den breiten saftigen Rasenflächen erschließt, die die frische Kraft und Ruhe der Natur ausströmen, wie es, breit hingelagert, mehr das Schützende, den Unterschlupf ausdrückt, als Pomp und architektonische Entfaltung anstrebt, ... wie es lustig in der Farbe und massig in der Form sich der umgebenden Natur trefflich anpaßt, so steht es heute da als ein Kulturzeugnis der gesunden Neigungen eines Volkes, das sich ... den Sinn für das Natürliche ... bewahrt hat. Die Stadtkultur mit ihren verbildenden Einflüssen, mit ihrem sinnlosen Hasten und Drängen, mit ihrer treibhausartigen Entwicklung der im Menschen schlummernden Eitelkeitstriebe, ... sie hat dem englischen Volke noch so gut wie nichts anhaben können.« Vgl. dazu die umfassende Untersuchung von Klaus Bergmann, ›Agrarromantik und Großstadtfeindschaft‹, in: *Marburger Abhandlungen zur Politischen Wissenschaft,* hg. von Wolfgang Abendroth, Bd. 20, Meisenheim am Glan 1970; vgl. auch Hermann Muthesius, *Das englische Haus,* Bd. II, a.a.O., S. 86.

89 Vgl. Hermann Muthesius, *Das englische Haus,* Bd. II, a.a.O., S. 97: »Das Haus erscheint durch sie (die Terrasse) auf einer geregelten Basis aufgebaut, die es als bedeutend heraushebt. Dazu beseitigt sie das Gefühl des Ungesunden und Feuchten, das man haben würde, wenn sich die Wohnräume unmittelbar in den Erdgarten erschlössen.«

90 Vgl. Paul Bonatz, *Leben und Bauen,* S. 185.

91 Vgl. Paul Bonatz, *Leben und Bauen,* S. 110–111 (Bonatz beschreibt, wie Taxuspyramiden »gegen den unendlichen Horizont standen« und damit den Garten abgrenzten).

92 Vgl. dazu Hermann Muthesius, *Das englische Haus,* Bd. II, S. 51: »Man ist der Ansicht, daß das Motiv der sich in der Halle entwickelnden Treppe das Charakteristische eines öffentlichen Gebäudes und nicht das eines Wohnhauses sei.«

93 Der Grundriß ist zwar freier geworden, weist aber unübersehbare Gemeinsamkeiten mit den ›typischen‹ Grundrissen von Bonatz auf.

94 Vgl. Hermann Muthesius, *Landhaus und Garten,* S. 7: »... den niedrigen Räumen ist ... eine ausgesprochen gemütliche Art eigen ... Wer ... das Traute, Heimische, Gemütliche liebt, tut viel besser, von vornherein ganz niedrige Zimmer zu bauen. Eine Höhe von 2,80 bis 3 m ist ein ausreichendes Maß auch für die größeren Räume des bürgerlichen Landhauses, 2,60 m genügt für mittlere, 2,30 m für kleine Räume.« Vgl. auch Hermann Muthesius, *Die schöne Wohnung,* München 1922, S. VII, S. X: »Alle Welt spricht heute von dem Reiz der Biedermeierräume ...« Vgl. auch Haenel, Tscharmann, Bd. I, a.a.O., S. XXXIX (Niedrige Räume sind behaglicher und billiger als hohe).

95 Vgl. dazu Hermann Muthesius, *Das englische Haus,* Bd. II, S. 29; Bd. III, S. 127: »Ein Zimmer ohne einen Kamin ist für den Engländer einfach ein undenkbarer Begriff. Um das Hausfeuer scharen sich ... alle Gedanken der häuslichen Behaglichkeit, des Familienglückes ..., des seelischen Friedens. Das Feuer als Symbol des Heimischen ist für ihn zugleich der Kerngedanke des Wohnraumes wie des ganzen Hauses ...«

96 Mitteilung von F. Porsche, Stuttgart, vom 5. März 1987.

97 Vgl. Paul Bonatz, *Leben und Bauen,* S. 269, und Mitteilung von Hans von Saalfeld, München, vom 13. August 1991.

98 Im Erdgeschoß befindet sich nur die Anrichte, die Küche ist im Untergeschoß.

99 Vgl. zum Beispiel Schloß Ludwigsburg, Corps de logis, Garten-

front; vgl. auch Heinrich Tessenow, a.a.O., S. 22 (über die Wirkung von Fensterläden).

100 Vgl. Haenel-Tscharmann, Bd. I, a.a.O., S. XXXII.

101 Vgl. Paul Bonatz, *Der Weg der deutschen Baukunst*, Vortrag vom 5. März 1943, S. 8: »Klassik bedeutet für uns: Der Wille zu einem Endgültigen, das heißt das Fernsein von Mode und Laune des Tages oder des Individuums. Wie in den großen Zeiten der Antike wird nicht das Individuum sich selbst darstellen, sondern es wird sich freiwillig einordnen in den großen Gesamtwillen ...« Vgl. einen Brief von Bonatz an Karl Schmidt-Hellerau vom 10. April 1941, S. 3: »... auf unsere lächerliche und armselige Individualität kommt es ja gar nicht an, sondern – wie in allen Zeiten hoher Kultur – wie wir uns einordnend in einen gemeinsamen Kulturwillen, es noch besser machen wollen als der vorhergehende.« Vgl. auch Sörgel, a.a.O., S. 13–14, 15.

102 Die Häuser Hahn, Eberspächer, Hornschuch und Vorster tragen die Initialen des Bauherrn, das Haus Fritz Roser hat Fenstergitter mit schmiedeeisernen Rosen, das Schloß von der Schulenburg weist über dem Portal ein Allianzwappen auf.

103 Vgl. Paul Bonatz, *Leben und Bauen*, S. 185–186; Brief von Ulrich Reinhardt, Tübingen, vom 28. November 1985. Im Fall des Hauses Arntzen kann nicht von Einheitlichkeit gesprochen werden.

104 Vgl. Vittorio Magnago Lampugnani, *Architektur unseres Jahrhunderts in Zeichnungen, Utopie und Realität*, Stuttgart 1982, S. 6: »... Architekturzeichnungen ›können‹ durchaus mehr ausdrücken als gebaute Architektur. Technik, Darstellungsart, Ausschnitt, Format, Duktus – alles veranschaulicht die intellektuelle Absicht des Verfassers. Zeichnungen über Architektur sind somit ebenso eindringliche wie exakte Bekenntnisse von kulturellen Haltungen ...« Ders., S. 6, tritt dafür ein, die Architekturzeichnung als Architektur zu verstehen, das heißt nicht nur dem Ausgeführten diesen Rang zuzugestehen.

105 Vgl. zur Architekturzeichnung im allgemeinen: Carl Krause, *Das Zeichnen des Architekten*, Berlin (Ost) 1981, S. 5 (Geleitwort von Ule Lammert): »... die Zeichnung ›ist‹ für den Architekten Mittel der Erkenntnisgewinnung, der Selbstverständigung, des Sich-verständlich-Machens, der Entscheidungsfindung und Grundlage für die Realisierung seiner gestalterischen und funktionellen Vorstellungen ...«, S. 16: »... wir ›können‹ das Zeichnen als nichtverbales Kommunikationsmittel verstehen ..., um Raum- und Gestaltsvorstellungen bis in ihre Erlebniswerte zu finden, sichtbar zu machen und auch künstlerisch widerzuspiegeln. Für die Verständigung über visuelle Erlebnisbereiche ist das Zeichnen des Architekten der verbalen Sprache weit überlegen.« Carl Linfert, ›Die Grundlagen der Architekturzeichnung‹, in: *Kunstwissenschaftliche Forschungen*, Bd. 1, 1931, S. 151: »... die Exaktheit, die in gewissem Maß für alle Architekturzeichnungen notwendig und sozusagen ›naturgemäß‹ ist, die jedoch eine echte Architekturzeichnung nie zur bloß mechanischen Konstruktionszeichnung stempelt, sondern ihr die Eigenschaft als ›Zeichnung‹ im künstlerischen Sinne ... beläßt, diese Exaktheit also darf ebensowenig mit rein rechnerischer wie mit perspektivischer Exaktheit verwechselt werden ...«

106 Vgl. Carl Krause, a.a.O., S. 192–193.

107 Vgl. auch Paul Bonatz, *Leben und Bauen*, S. 254, 265–268; vgl. auch Christian Norberg-Schulz, *Genius loci, Landschaft, Lebensraum, Baukunst*, Stuttgart 1982, S. 18: »Genius loci ist eine römische Vorstellung. Nach römischem Glauben hatte jedes ›unabhängige‹ Wesen seinen genius, seinen Schutzgeist. Dieser Geist gibt Menschen und Orten Leben, begleitet sie von der Geburt bis zum Tod und bestimmt ihren Charakter oder ihr Wesen ... Insbesondere wurde anerkannt, daß es erhebliche existentielle Bedeutung hat, mit dem genius jener Plätze in Einklang zu kommen, an denen das Leben stattfindet ...«, S. 19: »Um sich einen existentiellen Halt verschaffen zu können, muß der Mensch fähig sein, sich zu orientieren: Er muß wissen, wo er sich befindet. Er muß sich aber auch mit seiner Umgebung identifizieren, das heißt, er muß wissen, wie ein bestimmter Platz beschaffen ist ...«, S. 23: »Der wichtigste Vorgang in der Architektur ist es ..., den ›Ruf‹ des Ortes zu verstehen.«

108 Mitteilung von Hans von Saalfeld, München, vom 13. März 1986.

109 Vgl. Lampugnani, a.a.O., S. 14; Winfried Nerdinger, ›De l'épure baroque à l'axonométrie, l'évolution du dessin d'architecture en Allemagne‹, in: *Image et imaginaires d'architecture*, Ausstellungskatalog, Paris 1984. S. 40.

110 Vgl. Paul Bonatz, *Darmstädter Gespräch ›Mensch und Raum‹*, 1951, S. 3.

111 Ders., *Leben und Bauen*, S. 185.

112 Sie werden ähnlich formuliert bei Haenel-Tscharmann, Bd. I, S. VIII, XXXII–XXXV, XXXIX; Schultze-Naumburg, *Kulturarbeiten*, Bd. I, a.a.O., S. 15; vgl. auch Paul Bonatz, ›Vortrag gehalten bei der Eröffnung der Architekturausstellung in Stuttgart‹, in: *Wasmuths Monatshefte für Baukunst*, XII, 1928, S. 487: »Wie bei unserer eigenen Arbeit bemühen wir uns ohne vorgefaßte Meinung, den Charakter der Arbeit aus der Aufgabe selbst zu entwickeln, ... beim Wohnhaus gehen wir weder der Behaglichkeit noch der Bodenständigkeit aus dem Wege ...«

113 Vgl. Paul Bonatz, *Leben und Bauen*, S. 44, 45, 46.

114 In einem Brief an Schmitthenner vom 8. September 1942 sagt Bonatz: »Fischer ist ein Ordnungszertrümmerer«, er habe schlechte Grundrisse, versage als praktischer Städtebauer, nur seine sechs Vorträge über Städtebau seien gut; Bonatz lehnt das »Gottmenschentum« Fischers ab.

115 Vgl. Paul Bonatz, *Repräsentative Bauten des Volkes*, Vortrag vom 13. Februar 1935, S. 3.

116 Vgl. Hans Karlinger, *Theodor Fischer, Ein deutscher Baumeister*, München 1932, S. 88, Abb. 44, S. 89, Abb. 45.

117 Spätere Fischer-Häuser entfernen sich wieder von der bereits gefundenen Sprache und werden ›rückschrittlich‹, vgl. Karlinger, a.a.O., S. 90, Abb. 46, S. 92, Abb. 48.

118 Vgl. Karlinger, a.a.O., S. 22, 27, 28.

119 Muthesius verweist in seinem Vorwort für *Das englische Haus* auf R. Dohme, *Das englische Haus*, Braunschweig 1988, das kein Echo gefunden habe. Vgl. auch Haenel-Tscharmann, Bd. I, a.a.O., S. XX.

120 Vgl. Eugène Viollet-le-Duc, *Entretiens sur l'architecture*, Bd. II, Paris 1872, S. 354–355; Paul Bonatz, *Leben und Bauen*, S. 267–268, 39.

121 Vgl. Paul Bonatz, *Leben und Bauen*, S. 41.

122 Vgl. *Stuttgarter Beiträge*, XIII, 1977, S. 44–45.

123 Die folgende Liste soll dies verdeutlichen: Bibliotheken, Museen, Gerichtsgebäude, Schulen, Parlamente, Kirchen, Rathäuser, Krankenhäuser, Polizeipräsidien, Brücken, Warenhäuser, Bahnhöfe, Denkmäler, Bebauungspläne, Markthalle, Platzumgestaltungen, Stadthallen, Ministerien, Botschaft, Silogebäude, Grabmäler, Büro- und Geschäftshäuser, Verwaltungsgebäude, Hotels, Hochhäuser, Bäder, Fabriken, Mausoleum, Opern, Kaiserpalast usw. Vgl. dazu die *Stuttgarter Beiträge*, XIII, 1977.

124 Pförtnerhaus, Ledigenheim, Wohn- und Geschäftshaus, Studentenheim, Mietshaus, Mehrfamilienhaus.

125 Vgl. *Stuttgarter Beiträge*, XIII, 1977, S. 56, 58, 71, 83; *Moderne Bauformen*, XVIII, 1919, S. 1–2, 9–13, 21–23 (Zeppelindorf, Friedrichshafen).

126 Eine gute Schilderung der Persönlichkeit von Bonatz gibt Gerd Offenberg, *Mosaik meines Lebens*, Privatvervielfältigung, S. 104–105: »Die weltmännische Atmosphäre, die Bonatz umgab, seine Eleganz, sein Gepflegtsein, seine Urbanität, seine Begeisterungsfähigkeit, sein Sich-freuen-Können, sein geistreicher Spott und seine Heiterkeit entzückten immer von neuem. Kein Wunder, daß er bei so viel eigenem Charme Zeit seines Lebens in alles Charmante verliebt war ... Die Gnade hatte ihm ganz ungewöhnliche Fähigkeiten verliehen ... deren Weiterentwicklung allerdings das Ergebnis seiner großen Selbstdisziplin war. Er hatte einen sehr klaren Ver-

stand, Ausdauer und Wagemut und eine unbändige Leidenschaft für alle schöpferische Arbeit.«

127 Heinrich de Fries, *Moderne Villen und Landhäuser*, Berlin 1924; Walter Müller-Wulckow, *Wohnbauten und Siedlungen*, Königstein–Leipzig 1928; Hans Eckstein, *Neue Wohnbauten, Ein Querschnitt durch die Wohnarchitektur in Deutschland*, München 1932; Rudolf Pfister, *150 Eigenheime*, München 1932 (7. Aufl. 1951); vgl. auch Rudolf Pfister, *130 Eigenheime*, München o.J. (ähnlich wie *150 Eigenheime*); Hermann Muthesius, *Landhaus und Garten*, München 1925 (bleibt unberücksichtigt, weil nur ›traditionsgebundene‹ oder sogar rückschrittliche Häuser).

128 Merkmale für ›traditionsgebunden‹: Steildach, hochformatige Sprossenfenster, die sich vor allem nach der Fassade orientieren, Schmuckformen usw.; Merkmale für ›gemäßigt modern‹: Steildach und Eckfenster oder -balkon. Also werden typische Merkmale der beiden anderen ›Richtungen‹ an einem Haus kombiniert. Den ›gemäßigt modernen‹ Häusern haftet daher etwas Zwitterhaftes an. Vgl. auch Fries, a.a.O., S. 175; Müller-Wulckow, a.a.O., S. 37; Eckstein, a.a.O., S. 80–81; Pfister, *130 Eigenheime*, S. 26; Merkmale für ›modern‹: kubische Formen, Flachdach, querformatige große Fenster, die in auffallender Art nach den Bedürfnissen der Innenraumbelichtung und nicht fassadengerecht gesetzt werden, Schmucklosigkeit. Die Zuordnung zu einer der drei Kategorien ist in Grenzfällen natürlich schwierig. Daher die Sparte ›Verhältnis‹. Schon Eckstein spricht im Vorwort von drei »Formungstendenzen«: »... nebenher läuft eine formalistische Architektur, die gleicherweise historische wie moderne Formen zu dekorativen Zwecken mißbraucht. Immer an der Arbeit, einen neuen ›Stil‹ zu kreieren wie der Schneider eine neue Mode, spielt sie mit flachem Dach, langem Fensterband, Betonplatte wie der Schaufensterdekorateur mit Warenattrappen ...«

129 Vgl. Eckstein, a.a.O., Einleitung (bekennt sich klar zur ›modernen‹ Architektur).

130 Vgl. Paul Schmitthenner, *Baugestaltung, Das deutsche Wohnhaus*, Stuttgart 1950, S. 17–18, 26, 55.

131 Vgl. Denis Boniver, Paul Schmitthenner, ›Arbeiten aus drei Jahrzehnten‹, in: *Der Baumeister*, XLII, 1944, S. 4.

132 Vgl. Paul Schmitthenner, *Gebaute Form*, S. 15: »Das bündige Fenster vermeidet auch bei schlechten oder unausgesprochenen Verhältnissen zumindest ihre Betonung. Der Körper bleibt geschlossen.«

133 Vgl. Anm. 131, S. 3 (Schmitthenner glaubt, daß die gefundene Ausprägung kaum zu übertreffen ist).

134 Vgl. Gerda Wangerin, Gerhard Weiss, *Heinrich Tessenow*, Essen 1976, S. 16.

135 Ebenda, S. 22; vgl. auch Adolf Bernt, *Deutsche Bürgerhäuser*, Tübingen 1968, S. 30, 46, 64 (Beispiele für Häuser aus der Zeit um 1800).

136 Vgl. Paul Schmitthenner, *Das deutsche Wohnhaus*, S. 10.

137 Wie zum Beispiel Schultze-Naumburg (vgl. *Deutsche Kunst u. Dekoration*, Bd. 49, 1921/22, S. 62, 65, 67).

138 Vgl. Paul Schultze-Naumburg, *Kulturarbeiten*, Bd. I: Hausbau, S. 80 (tritt für einheitliches Dach ein), S. 90 (Form entscheidend, nicht das Zugefügte) usw.

139 Brief von Bonatz vom 28. April 1931: »Von dem mir wegen seiner früheren Leistungen so sehr verehrten Prof. Schultze-Naumburg trennen mich so große Meinungsverschiedenheiten, daß ich nicht weiter mit ihm in einer Front auftreten kann. Ich muß deshalb aus dem Block austreten.«

140 Brief von Tessenow an Bonatz vom 8. Dezember 1936.

141 Vgl. Hartmut Frank, *Monumente im ›Arbeitsstil‹*, Manuskript, S. 4: »Er will eine andere Moderne als das Neue Bauen und einen anderen Traditionalismus als Speers Neoklassizismus. Mit seinen Erfahrungen bei der Gestaltung technischer Bauwerke will er einen dritten Weg aufzeigen.« Frank zitiert dann aus Bonatz' Vortrag *Repräsentative Bauten des Volkes*, Stuttgart 1935, S. 10: »Zwischen gesunder Überlieferung und klarem modernen Willen ist keine Kluft. Es ist unsere Aufgabe, die der Baumeister, die scheinende Kluft zu schließen und beide fruchtbaren Kräfte in eine einzige Bahn zu zwingen.«

142 Vgl. Werner, a.a.O., S. 22, 23; vgl. auch Pehnt, a.a.O., S. 84ff.

143 Vgl. Ute Roerig, ›Architektur und Natur, Zur Architekturtheorie im 20. Jahrhundert‹, in: *Zeitschrift für Ästhetik und Allgemeine Kunstwissenschaft*, Bd. 15, 1970, S. 210 (Grundriß greift in den Raum aus), S. 211 (Wright verwendet örtliches Baumaterial), S. 212–213 (»Architektur und Boden ›sollen‹ wieder gemeinsam als Landschaft erscheinen«, so Wright). Vgl. Klaus-Jürgen Sembach, ›Fünf Villen des frühen 20. Jahrhunderts‹, in: *DU*, XXXV, 1975, Heft 9, S. 10–49.

144 Vgl. Paul Bonatz, *Leben und Bauen*, S. 186.

145 Vgl. dazu auch Fritz Leonhardt, ›Bonatzens Mitwirkung beim Brückenbau‹, in: *Paul Bonatz, Gedenkfeier zum 100. Geburtstag*, Stuttgart 1978, S. 15–16; Wilhelm Tiedje, ebenda, S. 21.

146 Vgl. Paul Bonatz, *Das Zusammenwirken von Ingenieur und Architekt*, Vortrag vom 12. März 1936, S. 1.

147 Ebenda, S. 1, 2; vgl. auch einen anderen Vortrag Bonatz' mit dem Titel *Die stilbildende Kraft technischer Bauten*, vom 5. Dezember 1934.

148 Vgl. Paul Bonatz, *Das Zusammenwirken von Ingenieur und Architekt*, S. 2–5.

149 Vgl. Paul Bonatz, *Leben und Bauen*, S. 46–47.

150 Vgl. *Stuttgarter Beiträge*, XIII, 1977, S. 46, 56, 60, 65, 66, 70, 72, 75, 77, 79, 80, 82, 84.

151 Vgl. Paul Bonatz, *Leben und Bauen*, S. 165.

152 Bonatz gehört zu den Begründern der Architektenvereinigung ›Der Block‹, vgl. *Baukunst*, V, 1928, S. 128; 1931 tritt Bonatz bereits wieder aus wegen Meinungsverschiedenheiten mit Schultze-Naumburg; Bonatz ist im Dritten Reich tätig für den Autobahnbau, den geplanten Münchener Bahnhof usw., 1943 geht er in die Türkei; Bonatz setzt sich für das Bauhaus ein, vgl. Hans Wingler, *Das Bauhaus*, Köln 1975 (3. Aufl.), S. 184; Frank, a.a.O., S. 4; Bonatz schreibt am 10. April 1941 einen Brief an Karl Schmidt-Hellerau, in dem er mit den Architekten Le Corbusier, Taut, Behrens, Dülfer und anderen hart abrechnet; Bonatz steht zwischen den Fronten und wird auch von der Gestapo verhört, vgl. dazu *Leben und Bauen*, S. 145–147, 150–156, 158–170, 178–182.

153 Vgl. Paul Bonatz, *Leben und Bauen*, S. 185–186.

Die Wohnhäuser

Haus Nill

Anschrift: Relenbergstraße 35,
7000 Stuttgart 1
Baujahr: 1905–06
Bauherr: Adolf Nill, Tiergartenbesitzer

Kurzbeschreibung:
Das schmale, dreigeschossige Zweifamilienhaus (Maße ca. 16 × 11 m) steht rechtwinklig zu einem Südhang. Der Grundriß ist leicht asymmetrisch. Der Hauseingang liegt an der Westseite. Im Mansardendach befindet sich ein Dachgeschoß.

Besonderheiten:
Laut einer Mitteilung von Rolf Nill war seinem Großvater, Adolf Nill, der weiße Holzgartenzaun unangenehm, weil damals eiserne Gartenzäune die Regel bildeten und das Haus dadurch ein gewisses Aufsehen erregte.

Erhaltungszustand:
Im Zweiten Weltkrieg schwer beschädigt und verändert wieder aufgebaut.

Quellen:
Baugesuch vom 5. Juli 1905, Baurechtsamt Stuttgart. Gespräche mit Gabriele und Rolf Nill, Stuttgart und Tübingen, der Schwiegertochter und dem Enkel des Bauherrn, am 12., 24. und 25. Juni 1986. Zeitgenössische Fotos im Besitz der Familie Nill, Stuttgart.

Veröffentlichungen:
Bauzeitung für Württemberg, Baden, Hessen, Elsaß-Lothringen, V, 1908, S. 6–7; *Stuttgarter Beiträge*, XIII, 1977, S. 47; *Süddeutsche Bautradition im 20. Jahrhundert, Architekten der Bayerischen Akademie der Schönen Künste,* Ausstellungskatalog, München 1985, S. 113.

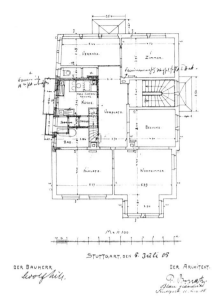

Grundriß 1. Obergeschoß

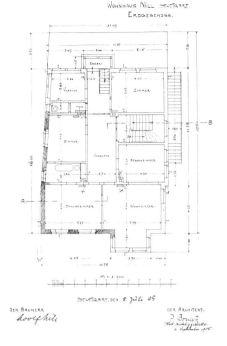

Grundriß Erdgeschoß

Grundriß Untergeschoß

Ansicht von Süden, Gartenseite

Haus Bonatz I

Anschrift: Ehrenhalde 9, 7000 Stuttgart 1
Baujahr: 1906–07
Bauherr: Paul Bonatz

Kurzbeschreibung:
Das zweigeschossige Haus (Maße ca. 13 × 10 m) liegt an einem Südhang. In dem geschleppten Walmdach sitzen allseits Gauben. Der Hauseingang liegt an der Westseite. Die südliche Straßenfront wird durch ihre reiche Befensterung und einen Balkon im ersten Stock betont. Die nördliche Gartenfront weist im Erdgeschoß eine breite Terrassentür auf. Im ersten Stock sitzt ein Erker.

Besonderheiten:
Im Gegensatz zum Baugesuch vom 30. Juni 1906 zeigen die Veröffentlichungen von 1908, daß der ausgeführte Entwurf schlichtere Gauben und eine breite Terrassentür hat.

Erhaltungszustand:
Im Zweiten Weltkrieg schwer beschädigt und verändert wieder aufgebaut.

Quellen:
Baugesuch vom 30. Juni 1906, Baurechtsamt Stuttgart. Ein zeitgenössisches Foto im Nachlaß Bonatz.

Veröffentlichungen:
Bauzeitung für Württemberg, V, 1908, S. 4–6; *Der Baumeister,* VI, 1908, S. 64, Tafel 42–43; *Bautechnische Zeitschrift,* XXIII, 1908, S. 117, 123; *Süddeutsche Bauhütte,* VIII, 1908, S. 325, 331, Tafel 41–42; Paul Bonatz, *Leben und Bauen,* Stuttgart 1950, S. 53; *Stuttgarter Beiträge,* XIII, 1977, S. 47.

Aufriß Nordfassade, erste Fassung

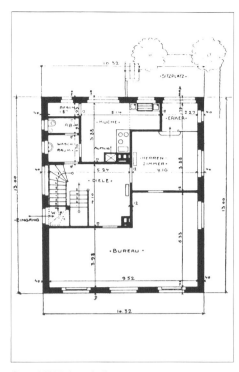

Grundriß Erdgeschoß

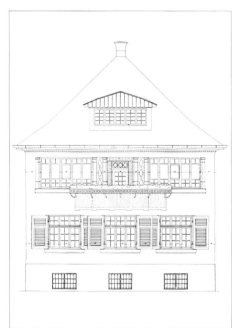

Aufriß Südfassade, Straßenseite

Aufriß Nordfassade, Gartenseite

Ansicht von Süden, Straßenseite

Haus Colsman

Anschrift: Margarethenstraße 5,
7990 Friedrichshafen
Baujahr: 1909–10
Bauherr: Luftschiffbau-Zeppelin GmbH,
Friedrichshafen (Direktor Colsman)

Kurzbeschreibung:
Das Grundstück liegt in unmittelbarer Nähe der Zeppelin-Werke in der Ebene. Über dem Sockelgeschoß folgt das beletageartige Hauptgeschoß des Hauses (Maße ca. 17 × 11 m), das an der südwestseitigen Gartenfront konvex ausschwingt. Über dem Obergeschoß sitzt ein hohes geschlepptes Walmdach mit Gauben an den Schmalseiten und mit Frontons an den Breitseiten. An der Nordwestseite befindet sich eine halbkreisförmige Veranda.

Besonderheiten:
Im spärlich befensterten Sockelgeschoß sind die Arbeitsräume für die Hausangestellten untergebracht. Wie die zwei unterschiedlichen Baugesuche zeigen, hat zwischen April und August 1909 eine umfassende Überarbeitung des Entwurfs stattgefunden. Maßgebend sind die Pläne vom August 1909. Im südwestlichen Teil des Grundstücks stand das Pförtnerhaus für die Zeppelin-Werke, das im Zweiten Weltkrieg zerstört wurde. Es stammte ebenfalls von Bonatz. Das Baugesuch ist nur teilweise erhalten, da in jüngster Vergangenheit die Aufrisse aus dem Baurechtsamt entwendet wurden.

Erhaltungszustand:
Bis auf geringfügige Um- und Anbauten weitgehend original erhalten.

Quellen:
Zwei unterschiedliche Baugesuche vom 19. April und vom 6. August 1909, Baurechtsamt Friedrichshafen.

Veröffentlichungen:
Neudeutsche Bauzeitung, VI, 1910, S. 32–34; *Der Industriebau*, I, 1910, S. 113–115; *Der Profanbau*, VII, 1911, S. 72–73, 92; *Zeitschrift für das Baugewerbe*, LVI, 1912, S. 5, Tafel 1; *Stuttgarter Beiträge*, XIII, 1977, S. 49; *Süddeutsche Bautradition im 20. Jahrhundert*, a.a.O., S. 113.

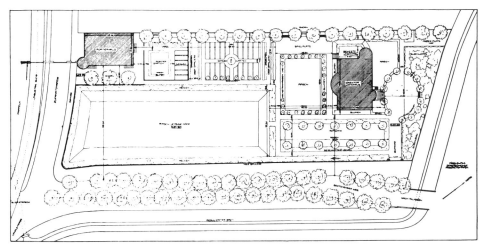

Gartenplan mit dem Pförtnerhaus der Zeppelin-Werke

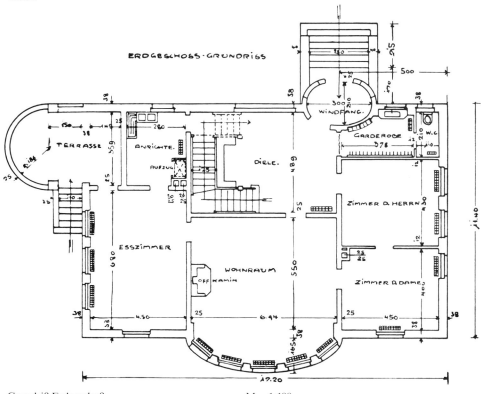

Grundriß Erdgeschoß   M = 1:100

Ansicht von Südwesten, Gartenseite

Ansicht von Nordwesten, Gartenseite

Haus Bonatz II

Anschrift: Gellertstraße 8, 7000 Stuttgart 1
Baujahr: 1911–12
Bauherr: Paul Bonatz

Kurzbeschreibung:
Das zweigeschossige, breit gelagerte Haus (Maße ca. 24 × 10 m) liegt an einem flachen Nordhang. Der First des hohen geschleppten Walmdachs verläuft hangparallel. Die südliche Straßenfront ist symmetrisch und besitzt in der Mitte einen repräsentativen Portikus von ca. 3,5 m Breite. Die ebenfalls symmetrische nördliche Gartenfront zeichnet sich durch die Konkordanz ihrer Fensterachsen aus. Über der in der Mitte gelegenen Terrassentür befindet sich ein Balkon. Die Schmalseiten des Hauses sind in ihrer Gestaltung einfach gehalten.

Besonderheiten:
Die zwei Baugesuche vom Juli und vom Oktober 1911 weisen beide nachträgliche Abänderungen auf, die von Bonatz eigenhändig datiert sind auf den 26. September 1911 und auf den 13. Januar 1912. Sie betreffen die angebaute Garage beziehungsweise den Büro- und Garagenflügel. Beides wurde nicht ausgeführt.

Erhaltungszustand:
Im Zweiten Weltkrieg schwer beschädigt und verändert wieder aufgebaut durch den Architekten Paul Darius.

Quellen:
Zwei unterschiedliche Baugesuche vom 26. Juli und vom 30. Oktober 1911, Baurechtsamt Stuttgart. Zeitgenössische Fotos im Nachlaß Bonatz.

Veröffentlichungen:
Moderne Bauformen, XII, 1913, S. 585–586, 588, 600–603, Tafel 99–100; *Wasmuths Monatshefte für Baukunst*, I, 1914/15, S. 220, 223, Abb. 233; *Die Kunst*, XXII, 1921, S. 129–133; Hermann Muthesius, *Die schöne Wohnung*, München 1922, S. 69; ders., *Landhaus und Garten*, München 1925, S. 42–43; Paul Bonatz, *Leben und Bauen*, Stuttgart 1950, S. 77; *Stuttgarter Beiträge*, XIII, 1977, S. 51; *Jano Arquitectura*, Nr. 45, 1977, S. 37; *Süddeutsche Bautradition im 20. Jahrhundert*, a.a.O., S. 114.

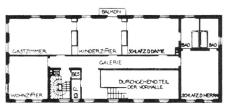

Grundriß Obergeschoß

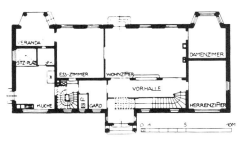

Grundriß Erdgeschoß

Ansicht von Südosten mit Portikus

Seite 35:

Ansicht von Westen, Terrasse

Wohnzimmer im Erdgeschoß

Haus Kopp

Anschrift: Gellertstraße 6, 7000 Stuttgart 1
Baujahr: 1911–12
Bauherr: Johannes Kopp, Intendanturrat

Kurzbeschreibung:
Das zweigeschossige Haus (Maße ca. 22 × 11 m) liegt an einem flachen Nordhang. Der First des hohen geschleppten Walmdachs verläuft rechtwinklig zum Hang. Die beiden Längsseiten sind weitgehend symmetrisch, wobei keine durchgehende Konkordanz der Fensterachsen herrscht. Das Dach weist zahlreiche Gauben auf.

Besonderheiten:
Die Aufrisse des Baugesuchs decken sich nicht gänzlich mit dem ausgeführten Bau. Beispielsweise fehlen im Plan an der Westseite die Pilaster und die Fenstergitter im Erdgeschoß. Auch das Stockwerkgesims ist noch nicht eingezeichnet.

Erhaltungszustand:
Bis auf geringfügige Veränderungen, vor allem im Obergeschoß, original erhalten.

Quellen:
Baugesuch vom 27. Juli 1911, Baurechtsamt Stuttgart.

Veröffentlichungen:
Moderne Bauformen, XII, 1913, S. 604; *Inventur, Stuttgarter Wohnbauten 1865–1915*, hg. vom Landesdenkmalamt Baden-Württemberg, Stuttgart 1975, S. 86; *Stuttgarter Beiträge*, XIII, 1977, S. 51; *Süddeutsche Bautradition im 20. Jahrhundert*, a.a.O., S. 114.

Ansicht von Südwesten

Ansicht von Südosten, Straßenseite

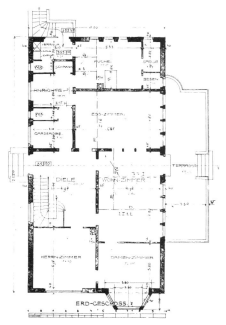

Grundriß Erdgeschoß

Haus Kleinschmit von Lengefeld

Anschrift: Dingeringhausen 1,
3540 Korbach-Helmscheid
Baujahr: 1920–?
Bauherr: Freiherr Kleinschmit von Lengefeld

Kurzbeschreibung:
Das freistehende eingeschossige Haus liegt an einem flachen Hang. Das Sockelgeschoß aus Stein springt an einer Stelle vor, um einen Risalit zu bilden. In dem hohen geschleppten Satteldach nimmt eine breite Schleppgaube Fenster auf. Zu einer Überschneidung kommt es durch das Helmdach des Risalits.

Besonderheiten:
Die perspektivische Skizze von Bonatz weicht in zwei Punkten von der Verwirklichung ab. Während die Skizze noch ein Walmdach zeigt, wird später ein Satteldach gewählt. Bonatz zeichnet eine Baumreihe und einen Zaun entlang des Wegs. Beides wird nicht verwirklicht.

Erhaltungszustand:
Original erhalten.

Quellen:
Die Pläne sind zur Zeit nicht zugänglich. Ein zeitgenössisches Foto im Nachlaß Bonatz.

Veröffentlichungen:
Wasmuths Monatshefte für Baukunst, V, 1920/21, S. 282; *Stuttgarter Beiträge*, XIII, 1977, S. 58; *Süddeutsche Bautradition im 20. Jahrhundert*, a.a.O., S. 114.

Architektenskizze, erste Fassung mit Walmdach

Ansicht von Süden

Haus Fritz Roser

Anschrift: Am Bismarckturm 58 und 66,
7000 Stuttgart 1
Baujahr: 1914–22
Bauherr: Fritz Roser, Fabrikant

Kurzbeschreibung:
Auf einem Südhanggrundstück liegen das Wohnhaus im westlichen und das Gartenhaus im östlichen Teil. Das symmetrische Wohnhaus (Maße ca. 28 × 12 m) mit seinem hohen geschleppten Walmdach wird im Norden von zwei kleinen Flügelhäusern für den Gärtner und für die Garage mit Chauffeurswohnung gesäumt. Dadurch entsteht auf der Straßenseite ein Vorhof. Die Mitte des eingeschossigen Haupthauses wird durch den Eingang und den geschwungenen Giebel im Dach betont. Die südliche Gartenfront ist ebenfalls symmetrisch. Vor der westlichen Hausecke befindet sich auf der Terrasse eine weiße Pergola. Im Osten entspricht ihr ein kleiner Teepavillon mit Pyramidendach. Die beiden eingeschossigen Flügelbauten lehnen sich in ihrer Gestaltung an das Haupthaus an.

Besonderheiten:
Bonatz erwähnt das Haus Fritz Roser als eines der wenigen seiner Wohnhäuser in *Leben und Bauen* (S. 109–110): »Der erste, der ›nach dem Krieg‹ Mut hatte, war Fritz Roser, am Bismarckturm. Seinen großen schönen Garten hatten wir schon zu Anfang des Krieges planiert, terrassiert und angepflanzt. Man brauchte nur das Haus in den vorbereiteten Rahmen zu stellen. Es ist ein Haus, das mir noch heute nahe dem Herzen steht. Wir durften langgestreckt bauen, achtundzwanzig Meter, eingeschossig, schönster Traum des Architekten und harmonische Ehe mit Bauherrn und Bauherrin, gerade durch all unsere Gegensätze.« Das eingeschossige Gartenhaus, auch als Sommerhaus bezeichnet, ist als Blockbau aus Tannenholz (Fichte) erbaut (Maße ca. 12 × 5 m). Es ist von einer weitgehenden Symmetrie bestimmt. Die Südfront ist durch die einseitige Befensterung und durch die nach Westen aus der Mitte versetzte Eingangstür etwas belebt. In der Mitte springt die Fassade zurück, so daß ein überdachter Sitzplatz entsteht.

Erhaltungszustand:
Im Zweiten Weltkrieg wurde das Haupthaus schwer beschädigt und später in leicht veränderter Form wieder aufgebaut. Das Gartenhaus wurde 1958 innerhalb desselben Grundstücks um ca. 50 m nach Westen versetzt, um einem Neubau Platz zu machen. Die Substanz ist weitgehend original.

Architektenskizze der Nordfassade, Straßenseite

Architektenskizze der Südfassade, Gartenseite

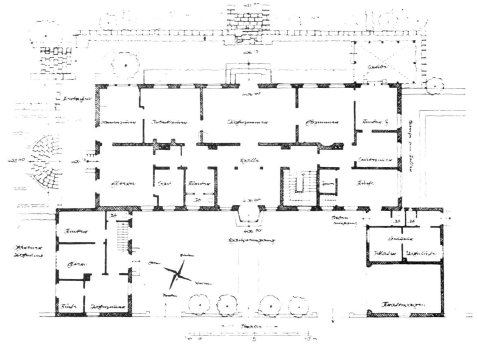

Grundriß Erdgeschoß

Quellen:
Zwei Baugesuche vom Juli 1920 für das Wohnhaus (der Grundriß des Obergeschosses fehlt) und vom 12. Juni 1919 für das Gartenhaus, Baurechtsamt Stuttgart. Zeitgenössische Fotos im Besitz von Hans Georg Roser, Stuttgart.

Veröffentlichungen:
Wasmuths Monatshefte für Baukunst, V, 1920/21, S. 281; *Die Kunst*, XXIV, 1922/23, S. 113–118; Heinrich de Fries, *Moderne Villen und Landhäuser*, Berlin 1924, S. 142–146; *Stuttgart, Das Buch der Stadt*, hg. von Fritz Elsas, Stuttgart 1925, S. 75; Hermann Muthesius, *Landhaus und Garten*, München 1925, S. 42, 44–47, Seite vor S. 49; Gustav Adolf Platz, *Die Baukunst der neuesten Zeit*, Berlin 1927, S. 333; *Der Baumeister*, XXVII, 1929, Seite vor Tafel 101 (die Abbildung oben wird fälschlicherweise als Haus Roser bezeichnet, in Wirklichkeit handelt es sich um das Haus Hassler in Schaffhausen); Paul Bonatz, *Leben und Bauen*, Stuttgart 1950, S. 109–110; *Stuttgarter Beiträge*, XIII, 1977, S. 20, 57, 58; *Jano Arquitectura*, Nr. 45, 1977, S. 37, 38; *Süddeutsche Bautradition im 20. Jahrhundert*, a.a.O., S. 114, 128; *Stuttgart-Handbuch*, hg. von Hans Schleuning, Stuttgart 1985, S. 259; Wolfgang Richter, Jürgen Zänker, *Der Bürgertraum vom Adelsschloß, Aristokratische Bauformen im 19. und 20. Jahrhundert*, Reinbek 1988, S. 173–174.

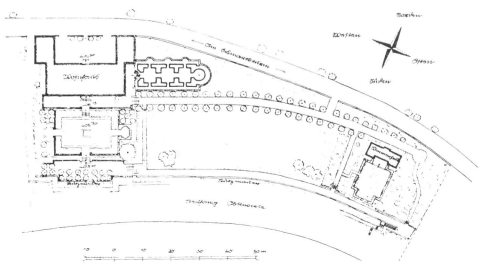

Ansicht von Westen, Straßenseite

Ansicht von Nordosten aus dem Rosengarten, links der Teepavillon

Gartenplan mit Gartenhaus

Ansicht von Südosten, Gartenseite

Wohn- oder Gartenzimmer

Eingangshalle mit Blick auf die Terrassentür des Gartenzimmers

Haus Vorster

Anschrift: Tiberiusstraße 3, 5000 Köln 51
Baujahr: 1921–22
Bauherr: Alfred Vorster, Fabrikant

Kurzbeschreibung:
Wie alle Kölner Bonatz-Häuser liegt das Haus Vorster in der Villenkolonie Marienburg. Das eingeschossige Haus (Maße ca. 35 × 14/5 bzw. 21 × 14 m) wendet seine westliche Stirnseite und den eckigen Treppenturm der Straße zu. Die Nordfront wird von zwei verschieden großen Satteldächern und dem Turm bestimmt. Die südliche Gartenfront ist zweigeschossig. Am ganzen Haus gibt es kaum durchgehende Fensterachsen. Der niedrigere Nebenbau hat einen L-förmigen Grundriß. Die beiden Stirnseiten des gesamten Gebäudekomplexes zeigen wegen der zahlreichen Überschneidungen ein reiches Silhouettenspiel.

Besonderheiten:
Beim Haus Vorster fallen das Aneinanderfügen unterschiedlicher Baukörper sowie der Treppenturm auf. Das Material ist wie beim Haus Müller unverputzter Klinker. Gemäß einer Mitteilung von Ellen Vorster, der Witwe des Bauherrn, war Heinrich Forthmann als örtlicher Bauleiter für Bonatz tätig. Das Ende der zwanziger Jahre erschienene Buch von Heinrich Forthmann, *Architekt*, erweckt hingegen den Eindruck, als stammten die Häuser Vorster, Scheibler, Arntzen, Strenger und Müller von Forthmann und nicht von Bonatz. Die Innengestaltung des Hauses stammt laut Ellen Vorster nicht von Bonatz, sondern wahrscheinlich von dem Kölner Architekten Theodor Merrill, der mit den Bauherren befreundet war.

Erhaltungszustand:
Im Zweiten Weltkrieg schwer beschädigt und leicht verändert wieder aufgebaut. Noch vor Ausbruch des Kriegs errichtete Forthmann einen Anbau, der von Bonatz abgelehnt wurde.

Quellen:
Das Baugesuch vom Juli 1921 befindet sich im Besitz von Ellen Vorster, Köln. Gespräche mit Prof. Wilfried Fitting beziehungsweise Ellen Vorster, Köln, am 23. und am 29. April 1986. Zeitgenössische Fotos im Nachlaß Bonatz.

Veröffentlichungen:
Heinrich de Fries, a.a.O., S. 147; *Der Cicerone*, XVII, 1925, S. 802, 806, 809; *Moderne Bauformen*, XXIV, 1925, S. 73–80; Gustav Adolf Platz, a.a.O., S. 45, 333; Heinrich F. R. Wiebking-Jürgensmann, *Garten und Haus I, Das Haus in der Landschaft*, Berlin 1927, S. 114–120; Heinrich Forthmann, a.a.O., S. 41, 43; *Stuttgarter Beiträge*, XIII, 1977, S. 59; *Jano Arquitectura*, Nr. 45, 1977, S. 37, 38; *Köln, Denkmälerverzeichnis, 12.3, Stadtbezirke 2 und 3, Rodenkirchen und Lindenthal*, hg. von der Stadt Köln, Köln 1984, S. 76–77; *Süddeutsche Bautradition im 20. Jahrhundert*, a.a.O., S. 114, 128.

Seite 43:

Ansicht von Nordwesten, Straßenseite

Ansicht von Süden, Gartenseite

Ansicht von Nordwesten, Einfahrt

Haus Luz

Anschrift: Schottstraße 79, 7000 Stuttgart 1
Baujahr: 1921–22
Bauherr: Hermann Luz, Ingenieur

Kurzbeschreibung:
Das Haus Luz (Maße ca. 16 × 10 m) liegt in einem annähernd ebenen Grundstück in Halbhöhenlage. Es hat einen L-förmigen Grundriß. Das zweigeschossige Haus mit seinem hohen geschleppten Walmdach steht mit den Schmalseiten etwa in der Nord-Süd-Achse. Der Hauseingang befindet sich an der Westfront rechts der Mitte. Die symmetrische östliche Gartenfront zeigt in beiden Geschossen drei Türen, die in den Garten beziehungsweise auf den breiten Balkon führen. Während die Nordfront schmucklos gestaltet ist, zeigt die Südfront im Erdgeschoß einen polygonalen Vorbau. Der rechtwinklig zum Haus stehende eingeschossige Wirtschaftsflügel beherbergt auf der Südseite eine gedeckte Veranda.

Besonderheiten:
Das schmale Grundstück gestattet nicht, die Breitseite nach Süden zu drehen, so daß der Vorbau und die Veranda im Wirtschaftsflügel – er ist auf dieser Seite nicht als solcher zu erkennen – von besonderer Bedeutung sind. Ein erstes Baugesuch vom Mai 1921 stammt von den Architekten Stahl & Bossert, Stuttgart. Es wird zugunsten des Entwurfs von Bonatz & Scholer zurückgezogen.

Erhaltungszustand:
Das Haus wurde in jüngster Zeit renoviert und im Inneren umgebaut.

Quellen:
Zwei Baugesuche, Baurechtsamt Stuttgart: Das erste stammt von den Architekten Stahl & Bossert vom Mai 1921, das zweite von Bonatz & Scholer vom 14. September 1921. Ein Gespräch mit Lucie Müller, Stuttgart, am 21. Januar 1987.

Veröffentlichungen:
Keine.

Ansicht von Südosten, Straßen- und Gartenseite

Grundriß Erdgeschoß

Haus Müller

Anschrift: Germanicusstraße 6,
5000 Köln 51
Baujahr: 1921–24 (?)
Bauherrin: Anna Müller, Rentnerin

Kurzbeschreibung:
Das Grundstück liegt in der Ebene. Das allseits asymmetrische eingeschossige Haus (Maße ca. 20 × 10 bzw. 13 m) hat einen L-förmigen Grundriß. Es hat ein hohes geschlepptes Satteldach. Die nordseitige Straßenfront fällt durch den Portikus mit seinem geschwungenen Giebel auf. An der südwestlichen Ecke ragt ein zweigeschossiger Stufengiebel auf, dem auf der anderen Seite ein überdachter Sitzplatz entspricht. Am ganzen Haus werden Fensterachsen gemieden.

Besonderheiten:
Das Haus Müller, in der Literatur auch als Haus S. bezeichnet (S. = Scheibler), ist ein unverputzter Klinkerbau. Anna Müller ist die Mutter von Lotte Scheibler, der Ehefrau von Carl Scheibler (vgl. S. 58). Die Tante väterlicherseits von Lotte Scheibler ist Helene Kröller-Müller, Stifterin des Rijksmuseum Kröller-Müller in Otterlo. Über die genaue Entstehungszeit des Hauses Müller herrscht keine Klarheit. Der Aufriß bei Heinrich de Fries zeigt am Portikus die Jahreszahl 1921. Bei Forthmann heißt es 1922/23. Christoph Scheibler, der Enkel von Anna Müller, gibt das Jahr 1924 an. Spätestens in diesem Jahr wurde das Haus vollendet, da es bei de Fries abgebildet wird. Größere Klarheit könnten die Pläne im Besitz von Christoph Scheibler schaffen, die aber zur Zeit nicht zugänglich sind.

Erhaltungszustand:
Im Zweiten Weltkrieg schwer beschädigt und später abgerissen.

Quellen:
Pläne befinden sich im Besitz von Christoph Scheibler, Köln. Ein Gespräch mit Christoph Scheibler am 8. Juli 1986. Ein zeitgenössisches Foto im Nachlaß Bonatz.

Veröffentlichungen:
Heinrich de Fries, a.a.O., S. 151–153; *Moderne Bauformen*, XXIV, 1925, S. 81–83; Heinrich Forthmann, *Architekt*, Köln o.J., S. 47; *Stuttgarter Beiträge*, XIII, 1977, S. 61; *Jano Arquitectura*, Nr. 45, 1977, S. 38; *Süddeutsche Bautradition im 20. Jahrhundert*, a.a.O., S. 115.

Ansicht von Nordosten, Straßenseite

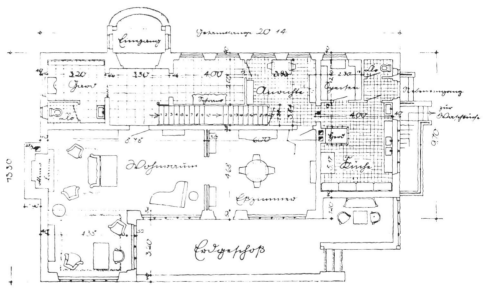

Grundriß Erdgeschoß

Haus Bonatz III

Anschrift: Am Bismarckturm 45,
7000 Stuttgart 1
Baujahr: 1921–22
Bauherr: Paul Bonatz

Kurzbeschreibung:
Das zweigeschossige Haus (Maße ca. 15 × 10 m) mit seinem hohen geschleppten Satteldach steht an einem flachen Nordhang. Der Dachfirst verläuft hangparallel. Die Südseite wird im Erdgeschoß von einer unregelmäßigen Fensterreihe und einer Terrassentür gegliedert, während im ersten Stock, der etwas auskragt, ein durchgehendes Fensterband hinter einem breiten Balkon sitzt. Die Nordseite ist ebenfalls asymmetrisch. Im Gegensatz zu den anderen Fronten herrscht hier eine weitgehende Achsenkonkordanz. Der Hauseingang liegt an der östlichen Stirnseite. An ihr zeigt sich, daß das Satteldach stark asymmetrisch geschleppt ist; erscheint der erste Stock im Süden als Vollgeschoß, so wird er im Norden zum Dachgeschoß mit einer breiten Schleppgaube. An der Westseite fällt auf, daß der Schornstein zwar plan in der nördlichen Haushälfte liegt, daß aber die südliche etwas zurückspringt.

Besonderheiten:
Das Dach folgt der Bewegung des Geländes, so daß die nördliche Traufe eine ganze Stockwerkshöhe unter der südlichen liegt. Deutlicher als bei den älteren Häusern wird hier auf Symmetrie verzichtet. Ausschlaggebend sind vielmehr die Bedürfnisse der Innenraumbelichtung und die Anpassung an das Gelände. So sitzen die Fenster und die Türen dort, wo sie den Gegebenheiten entsprechen und richten sich nicht mehr nach formalen Gesichtspunkten.

Erhaltungszustand:
Im Zweiten Weltkrieg schwer beschädigt und später leicht verändert wieder aufgebaut.

Quellen:
Das erste Baugesuch vom 21. September 1921 hat sich beim Baurechtsamt Stuttgart ebenso erhalten wie jenes für den Wiederaufbau vom September 1949. Das maßgebende zweite Baugesuch vom März 1922 ist hingegen zur Zeit unauffindbar. Zeitgenössische Fotos und zwei Skizzen von Bonatz im Nachlaß Bonatz.

Veröffentlichungen:
Heinrich de Fries, a.a.O., S. 139–141; *Moderne Bauformen*, XXIV, 1925, S. 74, 99–100; *Stuttgart, Das Buch der Stadt*, a.a.O., S. 75; Walter Müller-Wulckow, *Wohnbauten und Siedlungen*, Königstein im

Aufriß Westfassade

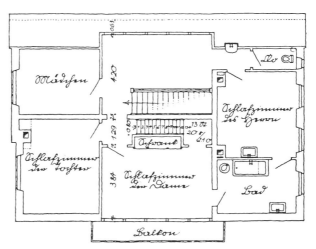

Grundriß Obergeschoß

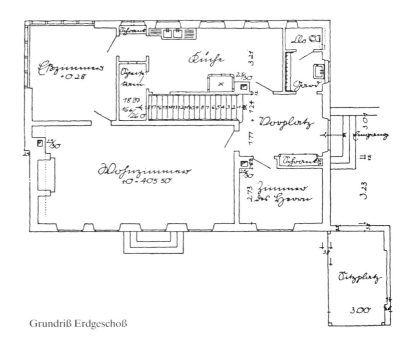

Grundriß Erdgeschoß

Taunus – Leipzig 1928, S. 16; *Die Baukunst,* IV, 1928, S. 124; Rudolf Pfister, *150 Eigenheime,* München 1932[1] (1951[7]), S. 36; Rudolf Pfister, *Haus und Raum, Ratgeber für Bauen und Wohnen,* Band I, Stuttgart 1933, S. VII, 3; Rudolf Pfister, *130 Eigenheime,* München o.J., S. 41; Friedrich Tamms, *Paul Bonatz, Arbeiten aus den Jahren 1907 bis 1937,* Stuttgart 1937, S. 29–33; *Die Bauzeitung,* LIV, 1949, S. 446–447; *Die Bauzeitung,* LVIII, 1953, S. 30; *Paul Bonatz zum Gedenken, Reden und Aufsätze,* XXIII, Technische Hochschule Stuttgart 1957, S. 50–51; *Baukunst und Werkform,* X, 1957, S. 63; *Magyar Epitömüv,* Nr. 2, 1974, S. 52; *Stuttgarter Beiträge,* XIII, 1977, S. 20–21, 59; *Jano Arquitectura,* Nr. 45, 1977, S. 38; *Süddeutsche Bautradition im 20. Jahrhundert,* a.a.O., S. 114.

Ansicht von Südwesten, Garten- und Straßenseite

Ansicht von Südwesten, Terrasse

Haus St. Georgenhof

Anschrift: Freizeitheime St. Georgenhof,
7426 Pfronstetten-St. Georgenhof
Baujahr: 1922–?
Bauherr: Alfred Schradin, Fabrikant

Kurzbeschreibung:
Der einsam gelegene St. Georgenhof auf der Schwäbischen Alb besteht aus einer Ansammlung verschiedener Wohnhäuser und Wirtschaftsgebäude, die von Wäldern und Feldern umgeben sind. Das von Bonatz erbaute Haus (Maße ca. 20 × 11 m) gehört zu den jüngeren Bauten. Es liegt schräg an einem flachen Südhang. Das hohe geschleppte Satteldach steht an den geschoßweise vorkragenden Giebelseiten weit über. Das Sockelgeschoß ist im Gegensatz zu den hölzernen Obergeschossen aus Bruchsteinmauerwerk errichtet. Der Hauseingang im Norden liegt in einer Laube. Im Süden unterbricht ein Erker die Fensterreihe. Die südöstliche Hausecke ist als Veranda ausgebildet.

Besonderheiten:
Bei diesem Haus handelt es sich um eine Holzkonstruktion, die auf einem steinernen Sockelgeschoß ruht. In Material und Bauweise lehnt es sich an die ländliche Umgebung an. Von Bonatz stammt auch ein Grabmal für die Familie Schradin (vgl. *Moderne Bauformen*, XXIV, 1925, S. 101).

Erhaltungszustand:
Original erhalten und in den siebziger Jahren sorgfältig restauriert. Verändert wurde lediglich die Eingangssituation. Ursprünglich verlief die Treppe parallel zur Hauswand, während sie heute rechtwinklig dazu angelegt ist.

Quellen:
Ein Teil des Baugesuchs vom März 1922 befindet sich im Besitz von Lieselotte Boedeker, Tübingen. Das amtliche Baugesuch ist zur Zeit unauffindbar.

Veröffentlichungen:
Stuttgarter Beiträge, XIII, 1977, S. 63; *Süddeutsche Bautradition im 20. Jahrhundert*, a.a.O., S. 115.

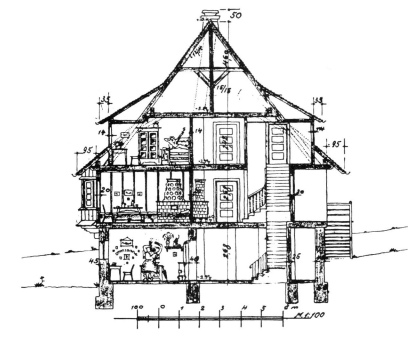

Schnitt

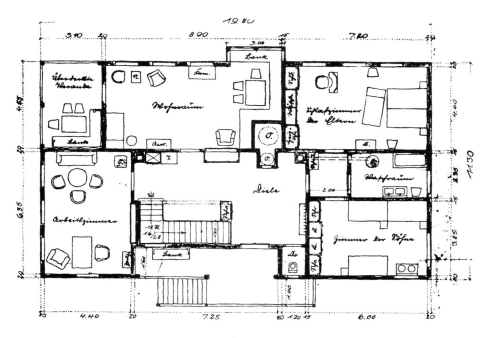

Grundriß Erdgeschoß

Ansicht von Südwesten

Haus Herstatt

Anschrift: Goethestraße 67, 5000 Köln 51
Baujahr: 1922–23
Bauherr: Iwan Herstatt, Bankier

Kurzbeschreibung:
Das eingeschossige Haus mit seinem geschleppten Satteldach hat einen T-förmigen Grundriß (Maße ca. 25 × 12 bzw. 30 × 7 m). Der Dachfirst des Hauptflügels verläuft rechtwinklig zur Straße. Der niedrigere Nebenflügel dient als Wirtschaftstrakt. Dem nördlichen Hof mit dem Hauseingang entspricht im Süden eine 14 m breite Terrasse, die durch fünf Terrassentüren erreichbar ist. Sie wird im Westen von einem polygonalen Anbau und im Osten durch den Nebenflügel begrenzt.

Besonderheiten:
Die West-, Ost- und Nordseiten sind in ihrem ursprünglichen Zustand weder durch Aufrisse noch durch Fotos überliefert. Laut Iwan-D. Herstatt wurde der polygonale Anbau geplant, um die zwei Konzertflügel der Hausherrin nicht als störende Elemente mitten im Wohnzimmer zu haben.

Erhaltungszustand:
Durch mehrmalige Umbauten ist der ursprüngliche Zustand kaum mehr zu erkennen. Die Gartenfront wird durch zwei großflächige Fenster anstelle der fünf Terrassentüren und durch veränderte Gauben entstellt.

Quellen:
Weder das Baugesuch noch sonstige Pläne sind auffindbar. Zeitgenössische Fotos im Besitz von Iwan-D. Herstatt, Köln. Briefe von Iwan-D. Herstatt an den Verfasser vom 24. Februar, 23. und 24. Mai und vom 11. Juni 1986. Ein Gespräch mit Iwan-D. Herstatt am 22. April 1986.

Veröffentlichungen:
Moderne Bauformen, XXIV, 1925, S. 73–75, 94–96; *Stuttgarter Beiträge*, XIII, 1977, S. 59; *Köln, Denkmälerverzeichnis*, a.a.O., S. 46–47; *Süddeutsche Bautradition im 20. Jahrhundert*, a.a.O., S. 114.

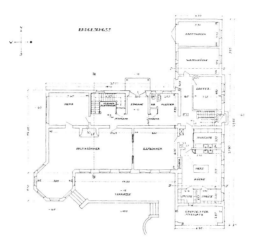

Grundriß Erdgeschoß

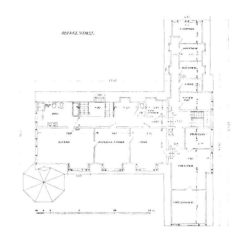

Grundriß Obergeschoß

Ansicht von Süden, Gartenseite

Haus Strenger

Anschrift: Germanicusstraße 8,
5000 Köln 51
Baujahr: 1922–23
Bauherr: Waldemar Strenger,
Fabrikdirektor

Kurzbeschreibung:
Das eingeschossige Haus (Maße ca. 18 × 12 m) hat ein auffallend hohes geschlepptes Satteldach. Die nördliche Straßenfront weist links den Hauseingang auf. Die Fenster sind vergittert. Im Dach sitzt eine breite Schleppgaube. Die südliche Gartenfront ist in der Mitte zweigeschossig ausgebildet, während links und rechts davon das Dach tiefer herunterreicht. Die Mitte der Fassade wird durch den Balkon im ersten Stock und durch drei Terrassentüren betont. Östlich schließt sich an das Haupthaus ein niedriger Seitenflügel mit Walmdach an.

Besonderheiten:
An der Ostseite sitzt der Schornstein ähnlich wie beim Haus Bonatz III.

Erhaltungszustand:
Bis auf einen späteren Anbau im Osten, er ist nicht identisch mit demjenigen im Grundriß, hat sich das Haus in seinem ursprünglichen Zustand erhalten.

Quellen:
Weder das Baugesuch noch sonstige Pläne sind auffindbar. Ein Gespräch mit Lieselotte Strenger, Köln, der Witwe des Bauherrn, am 26. August 1986.

Veröffentlichungen:
Heinrich de Fries, a.a.O., S. 148–150; *Moderne Bauformen*, XXIV, 1925, S. 73–75, 84–90; Heinrich Forthmann, a.a.O., S. 47, 49; *Stuttgarter Beiträge*, XIII, 1977, S. 61; *Jano Arquitectura*, Nr. 45, 1977, S. 38; *Köln, Denkmälerverzeichnis*, a.a.O., S. 46–47; *Süddeutsche Bautradition im 20. Jahrhundert*, a.a.O., S. 115.

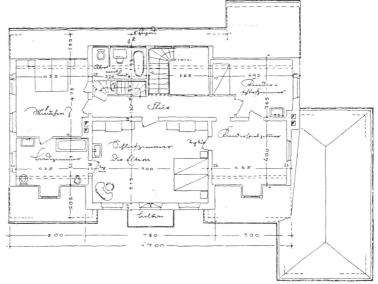

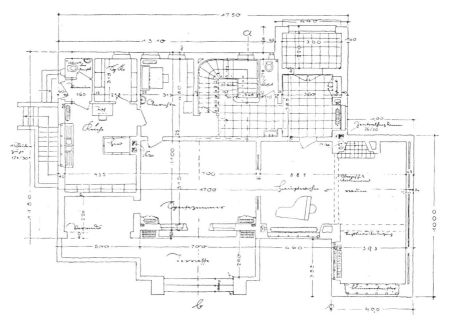

Ansicht von Süden, Gartenseite

Grundriß Obergeschoß

Grundriß Erdgeschoß

Haus Henkell

Anschrift: Lentze-Allee 11–13,
1000 Berlin-Dahlem
Baujahr: 1922–23
Bauherr: Henkell & Co, Biebrich

Kurzbeschreibung:
Die symmetrische Nordseite des zweigeschossigen Hauses (Maße ca. 21 × 11 m) wird von dem repräsentativen Eingang bestimmt. Die südliche Gartenfront ist ebenfalls symmetrisch, aber reicher befenstert. Der kleine Seitenflügel im Osten ordnet sich dem Haupthaus unter.

Besonderheiten:
Offiziell handelt es sich um die Berliner Niederlassung der Firma Henkell & Co, der Wohnhauscharakter ist jedoch unübersehbar. So gibt es etwa ein ›Schlafzimmer der Dame‹, ein ›Kinderzimmer‹ und so weiter. Bonatz erwähnt das Haus in *Leben und Bauen* auf Seite 56: »... und beiden Töchtern ›Henkell‹, für die ich später Häuser bauen durfte.« Ende der dreißiger Jahre führt Bonatz bedeutende Umbauarbeiten durch. Der Grundriß wird komplizierter, die Sprache am Äußeren schlichter und im Rhythmus gleichmäßiger.

Erhaltungszustand:
Das Haus wurde erstmals 1934 von dem Architekten Jean Krämer umgebaut. Umfassend verändert wurde es Ende der dreißiger Jahre von Bonatz. Anfang der siebziger Jahre erfolgte der Abbruch.

Quellen:
Baugesuche für den Neubau von 1922 und für die Umbauten vom September 1936 und vom September 1937, Berliner Bezirksamt Zehlendorf, Abteilung Bau- und Wohnungswesen. Ein Gespräch mit Roland Kiemlen, Stuttgart, am 6. Dezember 1985. Paul Bonatz, *Leben und Bauen*, Stuttgart 1950, S. 56.

Veröffentlichungen:
Stuttgarter Beiträge, XIII, 1977, S. 59; Michael Engel, *Geschichte Dahlems*, Berlin 1984, S. 282; *Süddeutsche Bautradition im 20. Jahrhundert*, a.a.O., S. 114.

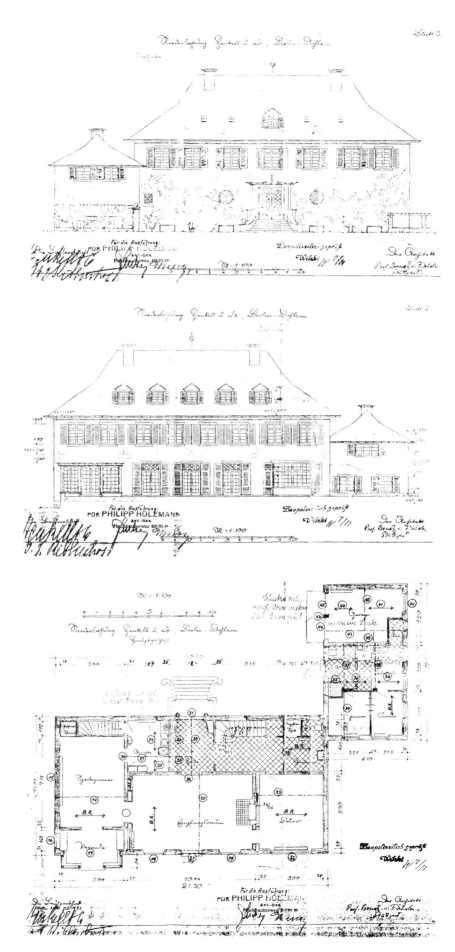

Aufriß Nordfassade

Aufriß Südfassade

Grundriß Erdgeschoß

Haus Porsche

Anschrift: Feuerbacher Weg 48,
7000 Stuttgart 1
Baujahr: 1923–24
Bauherr: Ferdinand Porsche, Direktor

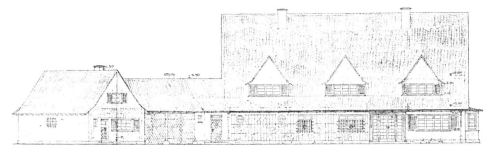

Aufriß, Ansicht von Südwesten, Straßenseite

Kurzbeschreibung:
Das Grundstück liegt an einem flachen Nordhang. An das eingeschossige Wohnhaus (Maße ca. 21×12 m) schließen sich in einem Winkel von ca. 40° nach Westen abbiegend eine Garage und ein Nebenhaus an. Der First des Haupthauses verläuft hangparallel. Die Südwestansicht zeigt eine sparsame und asymmetrische Befensterung. Der breite Eingang liegt rechts der Mitte. In dem auffallend hohen geschleppten Satteldach sitzen drei große Gauben. Die Nordostansicht zeigt eine gleichmäßige Reihung von Fenstern und Terrassentüren im Wechsel. Fast über die ganze Breite des ersten Stocks erstreckt sich ein Holzbalkon. Am Südostgiebel ist die deutliche Asymmetrie des Satteldachs ablesbar.

Besonderheiten:
Der geknickte Grundriß geht auf den Wunsch des Bauherrn zurück, einen möglichst gut besonnten Hof zu erhalten. Bonatz hatte einen L-förmigen Grundriß vorgeschlagen. Durch eine Balkendecke im Wohnzimmer schafft er eine größere Raumhöhe als in den benachbarten kleineren Zimmern. In den Jahren um 1938/39 beschäftigte sich Bonatz mit Plänen für ein zweites Haus Porsche, das auf dem Nachbargrundstück entstehen sollte. Sein Auftraggeber war der Sohn von Ferdinand Porsche. Die Ausführung wurde durch den Kriegsausbruch verhindert. Pläne haben sich nicht erhalten. In der Garage des bestehenden Hauses, an die eine Werkstatt angegliedert ist, entstanden Prototypen des von Ferdinand Porsche entwickelten VW-Käfers.

Erhaltungszustand:
1934 wurde die Garage von Bonatz nach Norden verlängert. Nach dem Zweiten Weltkrieg verlegte der Architekt Prof. Rolf Gutbrod den Hauseingang in die ehemalige Garderobe. Dadurch konnte ein der Sonne zugewandtes Zimmer gewonnen werden.

Quellen:
Baugesuch von 26. April 1923, Baurechtsamt Stuttgart. Ein Gespräch mit Prof. Ferry Porsche, Stuttgart, am 5. März 1987. Ein Gespräch mit Roland Kiemlen, Stuttgart, am 6. Dezember 1985.

Veröffentlichungen:
Stuttgart, Das Buch der Stadt, a.a.O., S. 75; *Stuttgarter Beiträge*, XIII, 1977, S. 60; *Süddeutsche Bautradition im 20. Jahrhundert*, a.a.O., S. 114; *Stuttgart-Handbuch*, a.a.O., S. 386.

Haus Hassler

Anschrift: Weinsteig 58,
CH-8200 Schaffhausen
Baujahr: 1923–24
Bauherr: Walter Hassler, Privatier

Kurzbeschreibung:
Das Grundstück liegt an einem Osthang oberhalb von Schaffhausen. Der First des eingeschossigen Hauses (Maße ca. 24 × 12 m) verläuft rechtwinklig dazu. Die Nordfront mit dem Hauseingang ist fast auf der ganzen Breite zweigeschossig ausgebildet, nur an den Seiten reicht das hohe geschleppte Walmdach tiefer herunter. Über dem ersten Stock befindet sich eine Dachterrasse. Die südliche eingeschossige Gartenfront ist im Gegensatz zur Nordfront streng symmetrisch. An der eingeschossigen Westseite liegt eine Veranda. Die Ostseite ist wegen des abfallenden Geländes zweigeschossig. Südlich schließt sich an sie eine weiße Pergola an.

Besonderheiten:
Das Baugesuch unterschrieb der Ingenieur Karl Kieser, nicht Bonatz. Aus einem Brief von Bonatz ist zu entnehmen, daß Kieser der örtliche Bauleiter war. An der Urheberschaft von Bonatz bestehen aufgrund der Veröffentlichung in der Zeitschrift *Die Baukunst* und aufgrund verschiedener Briefe keine Zweifel. Auffallend ist die große Ähnlichkeit der Gartenfront mit derjenigen des Hauses Fritz Roser. Das Haus Hassler wurde 1979 gründlich restauriert und mit viel Geschmack und Einfühlungsvermögen vom Architekten Hans-Peter Oechsli, Schaffhausen, modern verändert.

Erhaltungszustand:
Das Haus befindet sich in einem tadellosen Zustand. Der ursprüngliche Charakter wurde durch einige Eingriffe bei der Modernisierung kaum beeinträchtigt.

Ansicht von Süden, Gartenseite mit Allee

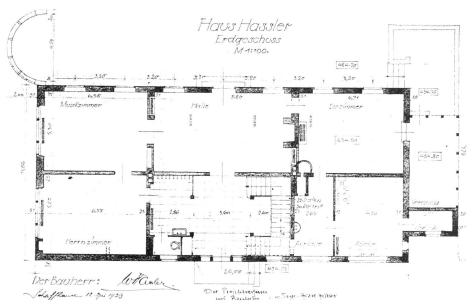

Grundriß Erdgeschoß

Eingangshalle mit Treppe ins Dachgeschoß

Quellen:
Baugesuch vom 12. Mai 1923, Städtische Baupolizei Schaffhausen. Ein Brief von Bonatz an die Herren Quidort, Schaffhausen, vom 28. September 1923 befindet sich im Besitz von Urs Meili, Schaffhausen. Ein Gespräch mit Urs Meili, dem jetzigen Hauseigentümer, am 10. Januar 1986. Drei Briefe von Bonatz an »L. L.« (Liebe Lene? Die Frau von Bonatz hatte den Vornamen Helene) vom Sommer 1923, vom 22. Juli 1923 und vom 15. März 1924. Alle drei Briefe liegen im Nachlaß Bonatz.

Veröffentlichungen:
Die Baukunst, IV, 1928, S. 128; *Der Baumeister*, XXVII, 1929, Seite vor Tafel 101 (Die Abbildung oben wird fälschlicherweise als Haus Roser bezeichnet); *Stuttgarter Beiträge*, XIII, 1977, S. 60; *Süddeutsche Bautradition im 20. Jahrhundert*, a.a.O., S. 114.

◁ Ansicht von Südwesten, Straßenseite

Haus Hans Roser

Anschrift: Am Bismarckturm 57,
7000 Stuttgart 1
Baujahr: 1923–24
Bauherr: Dr. Hans Roser, Fabrikant

Kurzbeschreibung:
Das Grundstück liegt an einem flachen Nordhang. Der First des eingeschossigen Hauses (Maße ca. 23 × 12 m) verläuft hangparallel. Das hohe Satteldach ist geschleppt. An der Südseite wird die gleichmäßige Fensterreihe von dem rechts der Mitte liegenden Hauseingang unterbrochen. Die Nordseite ist asymmetrisch befenstert. Vor der Westseite befindet sich eine weiße Pergola. Fensterachsen treten am ganzen Haus kaum auf.

Besonderheiten:
Es haben sich zwei verschiedene Baugesuche erhalten, die vom Juni und vom August 1923 stammen. Maßgebend ist jenes vom August. Eine von Bonatz signierte und datierte Skizze vom 4. Juni 1956 deutet möglicherweise darauf hin, daß der damalige Eigentümer das Dachgeschoß ausbauen wollte.

Erhaltungszustand:
Bis auf den Teilausbau des Dachgeschosses und kleinen Umbauten im Inneren original erhalten.

Quellen:
Zwei Baugesuche vom Juni und vom August 1923, Baurechtsamt Stuttgart. Weitere Pläne und eine Skizze von Bonatz vom 4. Juni 1956 befinden sich im Besitz von Dr. Inge Wagner, Stuttgart. Zeitgenössische Fotos im Besitz von Hans Georg Roser, Stuttgart. Ein zeitgenössisches Foto im Nachlaß Bonatz.

Veröffentlichungen:
Moderne Bauformen, XXIV, 1925, S. 74, 98; *Stuttgart, Das Buch der Stadt*, a.a.O., S. 75; *Bauen und Wohnen*, III, 1948, S. 154; *Stuttgarter Beiträge*, XIII, 1977, S. 61; *Süddeutsche Bautradition im 20. Jahrhundert*, a.a.O., S. 115.

Architektenskizze für einen unausgeführten Dachausbau

Ansicht von Südwesten, Garten- und Straßenseite

Haus Vischer

Anschrift: Osterholz-Allee 76 und 78,
7140 Ludwigsburg
Baujahr: 1923–24
Bauherr: Vereinigte Metallwarenfabriken,
Ludwigsburg (Direktor Vischer)

Kurzbeschreibung:
Das an einem sehr flachen Nordhang gelegene eingeschossige Haus (Maße ca. 31×17 bzw. 10 m) weist einen L-förmigen Grundriß auf. Es hat ein hohes geschlepptes Walmdach. Der Hauseingang liegt in der Ecke zwischen dem Haupthaus und dem Südflügel. Vor der im Gegensatz zur Nord- und zur Westfront symmetrisch befensterten Ostseite liegt eine breite, etwas erhöhte Terrasse. Sie wird im Norden von einem Pavillon und im Süden von einer Pergola begrenzt. Etwas abgesetzt im Westen steht rechtwinklig zum Haupthaus das Gärtnerhaus.

Besonderheiten:
Keine.

Erhaltungszustand:
Das Haus ist weitgehend original erhalten. Im Inneren wurde es modern umgestaltet. Das Gärtnerhaus gibt den ursprünglichen Charakter nur noch teilweise zu erkennen.

Quellen:
Baugesuch, Baurechtsamt Ludwigsburg. Die einzelnen Blätter tragen Datierungen zwischen dem 7. September 1923 und dem 16. Januar 1924.

Veröffentlichungen:
Keine.

Ansicht von Süden, Garten- und Straßenseite

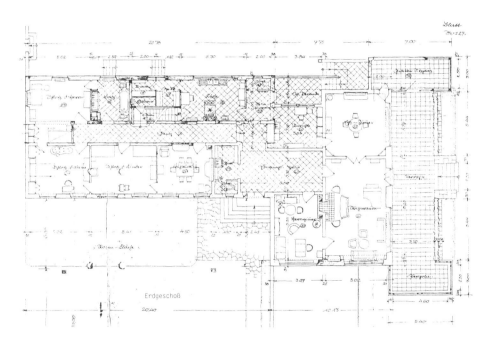

Grundriß Erdgeschoß

Haus Liebrecht

Anschrift: Schopenhauerstraße 28,
3000 Hannover 61
Baujahr: 1923–24
Bauherr: Walter Liebrecht,
Landesforstmeister

Kurzbeschreibung:
Das am Waldrand gelegene eingeschossige Haus (Maße ca. 21×11 m) hat ein Mansardendach. An der Nordfassade führt links eine Treppe zu dem außergewöhnlich hoch gelegenen Hauseingang. Die Hausecken werden durch Quaderung betont. An der Südseite erstreckt sich eine Terrasse fast über die ganze Länge des Hauses. Ihr linker Teil wird von einem Altan überdacht. Am ganzen Bau gibt es kaum durchgehende Fensterachsen.

Besonderheiten:
Der gesamte Baukörper ragt außergewöhnlich hoch aus dem Boden heraus, was sich durch den hohen Grundwasserspiegel erklären läßt. Unüblich für ein Bonatz-Haus ist auch der hellgrüne Putz. Die vorherrschenden Farben sind sonst Weiß oder Rosa.

Erhaltungszustand:
Bis auf geringfügige Veränderungen im Inneren original erhalten.

Quellen:
Pläne vom Juli 1923 im Besitz von Ruth Gräfin von Bothmer, Hannover. Das amtliche Baugesuch hat sich durch Kriegseinwirkung oder durch Überflutung in der Nachkriegszeit nicht erhalten. Ein Gespräch mit Klaus Liebrecht, Köln, dem Sohn des Bauherrn, am 28. Mai 1986.

Veröffentlichungen:
Der Neubau, VII, 1925, S. 111, 114; *Die Baukunst,* IV, 1928, S. 127; *Stuttgarter Beiträge,* XIII, 1977, S. 61; *Süddeutsche Bautradition im 20. Jahrhundert,* a.a.O., S. 115.

Seite 57:

Ansicht von Süden, Gartenseite

Ansicht von Norden, Straßenseite

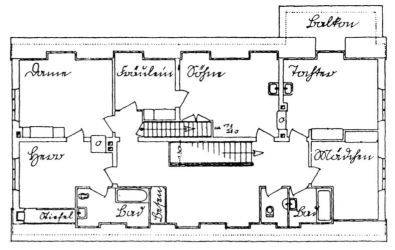
Grundriß Dachgeschoß

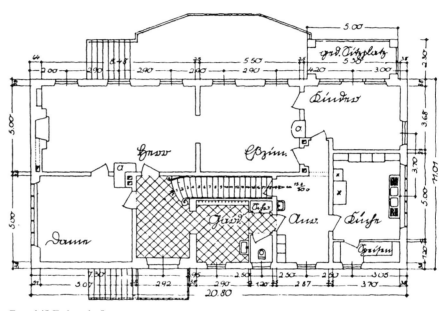
Grundriß Erdgeschoß

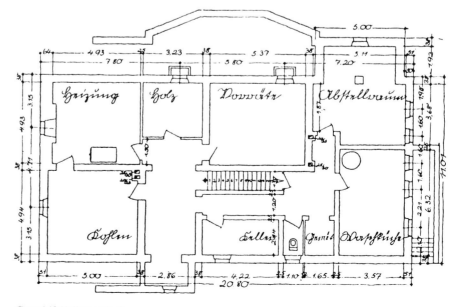
Grundriß Kellergeschoß

Haus Scheibler

Anschrift: Germanicusstraße 3,
5000 Köln 51
Baujahr: 1923–25
Bauherr: Hans Carl Scheibler,
Fabrikdirektor und Generalkonsul

Kurzbeschreibung:
Das Haus Scheibler hat den Grundriß einer unregelmäßigen Dreiflügelanlage (Maße ca.: Südflügel 24 × 11 m, Westflügel 19 × 7 m, Ostflügel 20 × 7 m). Während der Süd- und der Westflügel zweigeschossig sind, hat der Ostflügel nur ein Geschoß. Alle drei Flügel besitzen hohe geschleppte Walmdächer. Der Eingang zum Südflügel, dem Haupthaus, erfolgt durch einen Torbau, der zum Westflügel eine diagonale Verbindung herstellt. An der südwestlichen Ecke des Haupthauses befindet sich ein polygonaler Turm. Die Südostecke wird von einem Altan betont. Auf Achsenkonkordanz wird am ganzen Bau kein Wert gelegt.

Besonderheiten:
Das Haus Scheibler fällt durch seine Größe und durch den asymmetrischen Grundriß auf. Die Ausführung richtet sich nicht genau nach den erhaltenen Plänen. So weist beispielsweise die Südseite des Haupthauses anstelle des vorgesehenen Fensterbands drei einzelne Fenster auf.

Erhaltungszustand:
Nach schweren Kriegsschäden abgerissen.

Quellen:
Pläne vom Oktober 1923 im Besitz von Christoph Scheibler, Köln. Zeitgenössische Fotos im Nachlaß Bonatz und im Besitz von Christoph Scheibler. Ein Gespräch mit Christoph Scheibler am 8. Juli 1986. Ein Modell des Hauses im Besitz von Christoph Scheibler.

Veröffentlichungen:
Dekorative Kunst, XXXI, 1927, S. 1–4, 6; *Die Baukunst,* IV, 1928, S. 130; Heinrich Forthmann, a.a.O., S. 43; Hans Eckstein, a.a.O., S. 82, 83; *Haus und Raum,* a.a.O., S. 28; Friedrich Tamms, a.a.O., S. 30–33; *Velhagen & Klasings Monatshefte,* LXI, 1953, S. 27; *Stuttgarter Beiträge,* XIII, 1977, S. 21, 61; *Jano Arquitectura,* Nr. 45, 1977, S. 38; *Süddeutsche Bautradition im 20. Jahrhundert,* a.a.O., S. 115, 128, 129 (die Skizze von Bonatz ist versehentlich mit einem falschen Text versehen. Es handelt sich nicht um die Bebauung am Bismarckturm in Stuttgart, sondern um die Bebauung zwischen der Marienburgerstraße und der Germanicusstraße in Köln-Marienburg).

Ansicht von Südwesten, Straßenseite mit Einfahrt

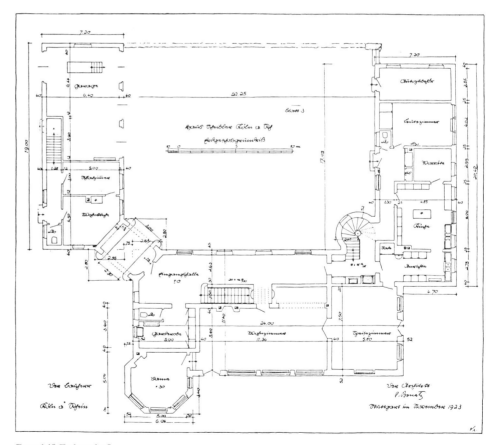

Grundriß Erdgeschoß

Entwurf für ein großes Wohnhaus

Anschrift: Marienburgerstraße,
5000 Köln 51
Planungsjahr: 1923
Bauherr: Vermutlich handelt es sich entweder um Otto Wolff, Direktor, oder um Otmar Strauss, ebenfalls Direktor.

Kurzbeschreibung:
Das Haus wäre in Nachbarschaft der Häuser Arntzen und Scheibler gelegen. An ein zweigeschossiges Haupthaus schließen sich eingeschossige West- und Ostflügel an, die sich nach Norden beziehungsweise nach Süden erstrecken. Alle drei Flügel haben hohe geschleppte Walmdächer. Der Hauseingang liegt an der Nordfront. An der südwestlichen Ecke des Haupthauses befindet sich ein polygonaler Anbau, der auch als Dachterrasse dient. Im Süden des Grundstücks, an der Germanicusstraße, liegen in L-förmiger Anordnung zwei zweigeschossige Häuser. Das größere weist im Erdgeschoß große Tore auf.

Besonderheiten:
Das ausgeführte Haus wäre nach dem Schloß von der Schulenburg das größte Wohnhaus von Bonatz gewesen.

Erhaltungszustand:
Das Projekt wurde aus unbekannten Gründen nicht ausgeführt.

Quellen:
Gespräche mit Christoph Scheibler, Köln, am 8. Juli und am 6. Oktober 1986. Ein Schreiben vom Sekretariat Otto Wolff von Amerongen vom 30. Oktober 1986. Eine Skizze von Bonatz vom Dezember 1923 im Nachlaß Bonatz.

Veröffentlichungen:
Dekorative Kunst, XXXI, 1927, S. 1; *Süddeutsche Bautradition im 20. Jahrhundert*, a.a.O., S. 129 (die Skizze wird fälschlicherweise wie folgt untertitelt: »Entwurfszeichnung Bebauung des Geländes am Bismarckturm, Stuttgart, vom Dezember 1923«).

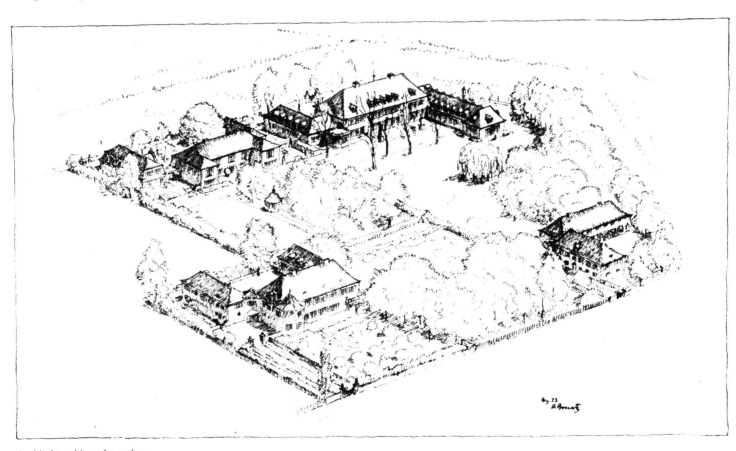

Architektenskizze, Lageplan
Haus Arntzen (hinten links)
Entwurf für ein großes Wohnhaus, nicht ausgeführt (hinten rechts)
Haus Scheibler (vorne links)
Entwurf für zwei L-förmig gelegene Häuser (Garagen und eventuell Wohnungen für Hausangestellte), die zu dem geplanten großen Wohnhaus gehören (vorne rechts)

Haus Arntzen

Anschrift: Marienburgerstraße 17–19,
5000 Köln 51
Baujahr: 1923–26
Bauherr: Orla Arntzen, Kaufmann

Kurzbeschreibung:
An das Haupthaus mit seinen zwei südlichen Eckrisaliten schließen sich nach Norden asymmetrisch zwei Flügel an (Maße des Haupthauses ca. 25 × 11 m). Der westliche davon ist durch einen Brückenbau mit dem Haupthaus verbunden. Alle drei Flügel der Nordseite sind eingeschossig und haben Mansardendächer. Der breite Hauseingang liegt nicht genau in der Mitte. Ein Mittelrisalit betont den Westflügel. Die südliche Gartenansicht bietet ein völlig anderes Bild. Sie ist zweigeschossig und weist ein geschlepptes Walmdach auf. Im Gegensatz zur Nordfront sind die Fenster hier sprossenlos.

Besonderheiten:
Auffallend groß ist der Gegensatz zwischen der Nord- und der Südansicht. Der Westflügel ist der Umbau eines älteren Gärtnerhauses. Aus einem Brief von Fänn Arntzen an Bonatz vom 7. März 1925 geht hervor, daß dem Ehepaar Arntzen die »sehr sympathische aber etwas nüchterne Art der Inneneinrichtung« von Bonatz nicht zusagt und daß mit dieser Aufgabe ein Innenarchitekt beauftragt werden soll. Dessen »Spezialität« sei es, »Innenräume nach altem Muster zu machen«. Einem zweiten Brief von Fänn Arntzen an Bonatz vom 29. April 1926 ist zu entnehmen, daß der Einzug im Sommer 1926 stattfinden kann. Demselben Brief gemäß scheint die Hofeinfahrt auf eine Skizze von Fänn Arntzen zurückzugehen, die Bonatz dann ausgearbeitet hat. Die Außenfarbe Rosa, die Bonatz wohl vorgeschlagen hatte, findet keine Zustimmung, »da es wie ein Bonbon aussieht«.

Erhaltungszustand:
Bis auf geringfügige Veränderungen original erhalten.

Ansicht von Norden, Straßenseite

Ansicht von Süden, Gartenseite

Quellen:
Weder das Baugesuch noch sonstige Pläne sind auffindbar. Zeitgenössische Fotos im Nachlaß Bonatz. Zwei Briefe von Fänn Arntzen, geb. Henkell, an Bonatz, die vom 7. März 1925 und vom 29. April 1926 stammen. Beide liegen im Nachlaß Bonatz.

Veröffentlichungen:
Dekorative Kunst, XXXI, 1927, Seite vor S. 1, S. 1–2, 4, 5–6; *Die Baukunst*, IV, 1928, S. 131; Heinrich Forthmann, a.a.O., S. 45; Hans Eckstein, a.a.O., S. 82; Friedrich Tamms, a.a.O., S. 30–33, 36; *Der Baumeister*, XLV, 1948, S. 386; *Velhagen & Klasings Monatshefte*, LXI, 1953, S. 27; *Stuttgarter Beiträge*, XIII, 1977, S. 61; *Jano Arquitectura*, Nr. 45, 1977, S. 38; *Köln, Denkmälerverzeichnis*, a.a.O., S. 58–59; *Süddeutsche Bautradition im 20. Jahrhundert*, a.a.O., S. 115, 128, 129.

Gang im Dachgeschoß zur Straßenseite gelegen

Eingangshalle

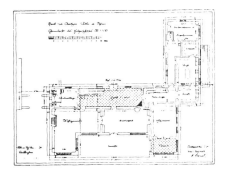

Grundriß Erdgeschoß

Haus Dreifus

Anschrift: Robert-Bosch-Straße 110,
7000 Stuttgart 1
Baujahr: 1924–26
Bauherr: Hermann Dreifus, Kaufmann

Kurzbeschreibung:
Das Haus Dreifus (Maße ca. 27 × 8 bzw. 10 m) hat auf der östlichen Straßenseite zwei Eckrisalite, denen auf der westlichen Gartenseite kurze Flügel entsprechen. Zwischen ihnen erstreckt sich die 14 m breite Terrasse. Die Hausecken werden allseits durch Quaderung betont. Während die Südseite von einem kleinen Balkon geziert wird, ist die Nordseite eher schlicht gehalten.

Besonderheiten:
Es haben sich zwei verschiedene Baugesuche erhalten.

Erhaltungszustand:
Im Zweiten Weltkrieg zerstört.

Quellen:
Zwei Baugesuche vom 25. August 1924 und vom August 1925 beziehungsweise vom 27. April 1926, Baurechtsamt Stuttgart. Zeitgenössische Fotos im Nachlaß Bonatz.

Veröffentlichungen:
Die Baukunst, IV, 1928, S. 129; *Moderne Bauformen,* XXXIII, 1934, S. 466; *Stuttgarter Beiträge,* XIII, 1977, S. 63; *Süddeutsche Bautradition im 20. Jahrhundert,* a.a.O., S. 115.

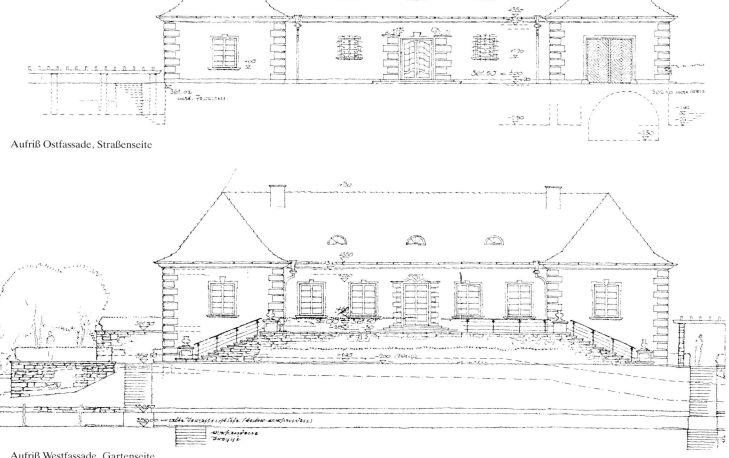

Aufriß Ostfassade, Straßenseite

Aufriß Westfassade, Gartenseite

Entwurf für das Wohnhaus einer alleinstehenden Dame

Anschrift: Der vorgesehene Standort ist unbekannt
Jahr der Veröffentlichung: 1925
Bauherrin: Unbekannt

Kurzbeschreibung:
Auf einem Grundriß von 12 × 10 m erheben sich zwei Stockwerke. Darüber sitzt ein hohes geschlepptes Walmdach. Der Hauseingang mit Pergola liegt an der Nordseite. Die Südseite hat mehr Fenster als die Nordseite. Im Gegensatz dazu sind die Fenster an der West- und der Ostseite asymmetrisch angeordnet.

Besonderheiten:
Es ist nicht bekannt, für welche, wie es in der Erstveröffentlichung heißt, »alleinstehende Dame« der Entwurf entstand. Ob er ausgeführt wurde oder ob nicht, bleibt offen. Die Maßverhältnisse sind für ein Bonatz-Haus ungewöhnlich. Sie erinnern eher an Häuser von Paul Schmitthenner oder auch an Goethes Gartenhaus. Der Altan an der Südseite ist an Schmitthenner-Häusern öfter anzutreffen (zum Beispiel Haus Raßbach, Stuttgart, Haus Willy Roser, Stuttgart, und andere. Vgl. dazu Paul Schmitthenner, *Baugestaltung, Das deutsche Wohnhaus*, Stuttgart 1950, S. 56, 68, 80, 94).

Erhaltungszustand:
Unbekannt.

Quellen:
Die einzige Quelle ist die Veröffentlichung in der Zeitschrift *Moderne Bauformen*, XXIV, 1925, S. 97.

Veröffentlichungen:
Moderne Bauformen, XXIV, 1925, S. 97; *Stuttgarter Beiträge*, XIII, 1977, S. 61; *Süddeutsche Bautradition im 20. Jahrhundert*, a.a.O., S. 115.

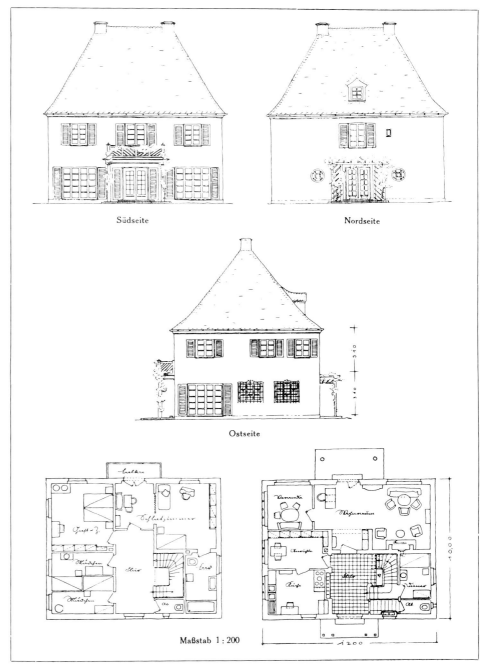

Aufrisse Südfassade und Nordfassade

Aufriß Ostfassade

Grundrisse Obergeschoß und Erdgeschoß

Haus Hornschuch

Anschrift: Villa Hornschuchhöhe 1 und 2,
8650 Kulmbach
Baujahr: 1924–25
Bauherr: Fritz Hornschuch, Fabrikant

Kurzbeschreibung:
Das ausgedehnte Südhanggrundstück liegt am westlichen Stadtrand von Kulmbach. Im großen Bogen führt eine Allee den Besucher den Hang hinauf zum Hauseingang an der Nordfront. An das zweigeschossige Haupthaus (Maße ca. 20×11 m) schließen sich L-förmig zwei eingeschossige Wirtschaftsflügel an. Der First des Haupthauses verläuft rechtwinklig zum Hang. Die Südostecke wird von einem polygonalen Turm betont. Am ganzen Haus herrscht überwiegend Achsenkonkordanz. Der Terrasse vor der Ostseite entspricht im Westen ein Hof. Eine verschließbare Säulenhalle verbindet hier das Haupthaus mit einem Teepavillon. Auf der Ostseite leitet eine lange Pergola zum Garten- und Badehaus über.

Besonderheiten:
Das Haus Hornschuch fällt durch seine breiten Dimensionen auf. Ein Beispiel dafür ist der Hauseingang. Auch innen wirkt alles schwer und wuchtig. Am Fuß des

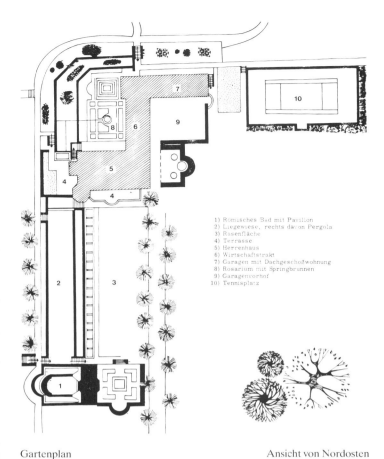

Gartenplan

Ansicht von Nordosten

Entwurf für das Haus Scheufelen

Anschrift: Pfizerstraße 2e und 2f,
7000 Stuttgart 1
Planungsjahr: 1934–35
Bauherr: H. Scheufelen, Fabrikant

Kurzbeschreibung:
An einem steilen Nordhang liegt ein zweigeschossiges Haus mit Satteldach. Der First verläuft hangparallel. Im Westen schließt sich eine weitläufige Terrasse an, die möglicherweise von Pergolen gesäumt wird.

Besonderheiten:
In einer Veröffentlichung der Arbeiten von Kurt Dübbers heißt es: »Mit dem Wunsche, sich dort in einem Hause zur Ruhe zu setzen, das den persönlichen Bedürfnissen und den schönsten Stücken einer großen Gemäldesammlung in gleicher Weise Rechnung trägt, stellte der Bauherr den Architekten Paul Bonatz und Kurt Dübbers eine schwierige Aufgabe. Der Bauherr präzisierte seine Wünsche im weiteren dahin, daß er der guten Luft und freien Aussicht wegen am höchsten Punkte seines Grundstücks wohnen wolle, daß breite Terrassen sich den Hang entlang ziehen sollten und daß das Haus trotz Geräumigkeit und hochwertiger Ausstattung kein anspruchsvolles Äußeres zur Schau tragen dürfe. Nach eingehender Vorberatung mit dem erfahreneren Partner Bonatz fiel die eigentliche Lösung und Durchführung der Bauaufgabe dem Architekten Kurt Dübbers zu.« Im Büro hatte ein interner Wettbewerb stattgefunden zwischen Bonatz, Dübbers und wahrscheinlich Kurt Friedberg. Scheufelen entschied sich dann für den Entwurf von Dübbers.

Erhaltungszustand:
Der Entwurf von Bonatz wurde zugunsten des Entwurfs von Dübbers nicht ausgeführt.

Quellen:
Zwei verschiedene Baugesuche vom 3. März und vom 15. August 1935, Baurechtsamt Stuttgart. Sie sind von Dübbers mit ›Bonatz und Dübbers‹ unterzeichnet. Eine Entwurfsskizze von Bonatz im Besitz von Roland Kiemlen, Stuttgart. Ein Gespräch mit Roland Kiemlen am 6. Dezember 1985. Ein Brief von Werner Vorster, Van Nuys, Ca., vom 2. Februar 1986.

Veröffentlichungen:
›Arbeiten von Architekt Kurt Dübbers, Stuttgart‹, Sonderdruck aus den *Modernen Bauformen*, Stuttgart o.J.; *Garten und Haus*, a.a.O., S. 149.

Seite 80:

Ansicht von Süden, Gartenseite

Skizzen der Bauherrin

Erste Entwurfsskizze von Paul Bonatz

Ferienhaus Bonatz

Anschrift: Kornau, 8980 Oberstdorf
Baujahr: 1935–36
Bauherr: Paul Bonatz

Kurzbeschreibung:
Das Ferienhaus Bonatz (Maße ca. 10 × 8 m) liegt frei in der hügeligen Allgäu-Landschaft bei Oberstdorf. Das Terrain fällt nach Norden ab. Der Grundriß des eingeschossigen Holzhauses nähert sich einem Quadrat an. Das Untergeschoß ist aus Bruchsteinmauerwerk. An allen Seiten steht das Satteldach weit über. Der Hauseingang liegt an der Südseite. Alle Fronten sind asymmetrisch befenstert.

Besonderheiten:
Das Ferienhaus Bonatz ist ein Holzhaus. Wie schon bei den Häusern Kleinschmit von Lengefeld und St. Georgenhof paßt Bonatz sein Ferienhaus in Material und Stil der ländlichen Umgebung an.

Erhaltungszustand:
Original erhalten.

Quellen:
Die Pläne und zwei zeitgenössische Fotos befinden sich im Nachlaß Bonatz.

Veröffentlichungen:
Paul Bonatz, *Leben und Bauen*, Stuttgart 1950, S. 139; *Stuttgarter Beiträge*, XIII, 1977, S. 76; *Süddeutsche Bautradition im 20. Jahrhundert*, a.a.O., S. 116.

Ansicht von Westen

Haus Heine

Anschrift: Sauerbruchstraße 15–17,
O-1590 Potsdam-Babelsberg
Baujahr: 1936–37
Bauherrin: Anna Heine

Kurzbeschreibung:
Das eingeschossige Haus Heine hat ein geschlepptes Satteldach. Auf der Straßenseite sitzt in ihm eine breite Schleppgaube. Rechts der Mitte befindet sich der Hauseingang. Die stichbogigen Fenster sind vergittert. An der östlichen Giebelfront befindet sich ein Balkon.

Besonderheiten:
Keine (?).

Erhaltungszustand:
Weitgehend original erhalten.

Quellen:
Im Nachlaß Bonatz befindet sich ein Brief der Bauherrin an Bonatz vom 19. Februar 1937. In einem Schreiben vom 26. September 1986 teilt der Rat der Stadt Potsdam mit, daß über das Haus Heine keine Unterlagen auffindbar seien.

Veröffentlichungen:
Keine.

Ansicht von Norden, Straßenseite

Schloß von der Schulenburg

Anschrift: Schloß von der Schulenburg, O-3581 Neumühle
Baujahr: 1938–43
Bauherr: Graf von der Schulenburg

Kurzbeschreibung:
Das Schloß (Maße ca. 48×31 m) liegt auf einer leichten Anhöhe und ist von Wald umgeben. Der mächtige viergeschossige Baukörper hat ein hohes geschlepptes Walmdach. Seine vier Ecken werden von Rundtürmen mit Glockendächern betont. Eine zweiarmige Treppe führt zu dem in der Mitte der Nordfront gelegenen Portal. Es wird durch vier Pilaster hervorgehoben und von einem Allianzwappen überhöht. Die Befensterung der vier Geschosse erfolgt symmetrisch. Auch die dreigeschossige Südfront ist symmetrisch befenstert. Ihr Erdgeschoß weist Terrassentüren auf. Die beiden Schmalseiten im Osten und im Westen sind ebenfalls symmetrisch gestaltet. An den Nordostturm schließt sich ein ca. 84 m langer Wirtschaftsflügel an. Er ist zweigeschossig und hat ein hohes geschlepptes Walmdach. Im nördlichen Drittel befindet sich eine Toreinfahrt, die von einem Dacherker überhöht wird. Das Erdgeschoß ist wie das Schloß aus unregelmäßigem Quadermauerwerk errichtet, der erste Stock hingegen in Fachwerktechnik. Die Ausfachung geschieht in unverputztem Backstein. An diesen Flügel schließen sich östlich zwei ca. 50 m lange Seitentrakte an. Sie werden im Osten von einer ca. 22×15 m großen Reithalle optisch miteinander verbunden. Nordwestlich der Auffahrt zum Schloß befindet sich ein ca. 11×9 m großes eingeschossiges Wächterhaus.

Besonderheiten:
Das Schloß von der Schulenburg fällt in erster Linie dadurch auf, daß die Bauaufgabe Schloß im 20. Jahrhundert nur noch selten vorkommt. Der Neubau wurde notwendig, weil der alte Familienbesitz, Schloß Wolfsburg, für die Errichtung des Volkswagenwerks benötigt wurde. Im Gegensatz zu der Schilderung in *Leben und Bauen*, hat Bonatz seine Vorstellungen über den Neubau erst durch Gespräche der Bauherrschaft nahegebracht. Eine Schwester der Gräfin war Architektin in England und hatte zuerst vorgeschlagen, eine niedrige Gebäudegruppe im modernen Stil zu bauen. Bonatz hingegen lehnt sich ganz bewußt in Form und Material an das aus dem 16. Jahrhundert stammende Schloß Wolfsburg an.

Erhaltungszustand:
Im Zweiten Weltkrieg teilweise beschädigt.

Quellen:
Die Pläne und einige zeitgenössische Fotos befinden sich im Besitz von Gerhard Reichert, Leinfelden-Echterdingen. Weitere zeitgenössische Fotos und die Einladung zum Richtfest am 18. Oktober 1940 liegen im Nachlaß Bonatz. Briefe von Jósza Speman-Balog, Winchester, MA, vom 19. Januar 1986 und vom 12. Januar 1987.

Veröffentlichungen:
Paul Bonatz, *Leben und Bauen*, Stuttgart 1950, S. 182–185; *Stuttgarter Beiträge*, XIII, 1977, S. 78; *Süddeutsche Bautradition im 20. Jahrhundert*, a.a.O., S. 116; Wolfgang Richter, Jürgen Zänker, *Der Bürgertraum vom Adelsschloß, Aristokratische Bauformen im 19. und 20. Jahrhundert*, Reinbek 1988, S. 176, 178–179.

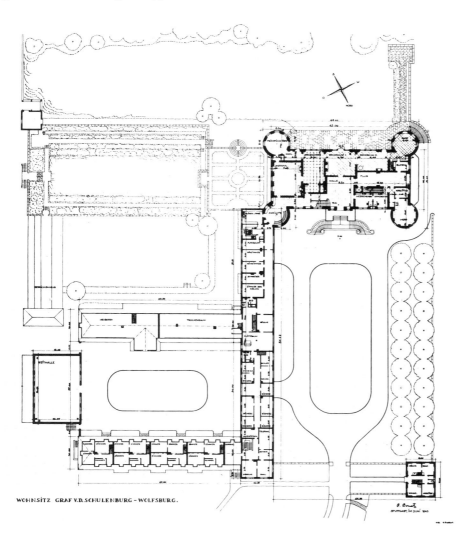

Seite 85:

Ansicht von Südosten

Ansicht von Nordosten

Plan von Park und Schloß von der Schulenburg

Haus Süren

Anschrift: Aysesultan Korusu 14,
Istanbul-Bebek
Baujahr: 1954–55
Bauherr: Fuat Süren, Fabrikant

Kurzbeschreibung:
Das eingeschossige Haus Süren liegt an einem Südhang mit Blick auf den Bosporus. Der Grundriß ist unregelmäßig: drei verschieden lange Flügel treffen in unterschiedlichen Winkeln aufeinander (Maße ca. Westflügel 23 × 10 m, Südostflügel 7 × 6 m, Ostflügel 19 × 8 m). Das flache Satteldach ist nicht geschleppt und steht allseits weit über. Der Hauseingang liegt in der Mitte der geknickten, gleichmäßig befensterten Nordfront. Er wird von einem Vordach betont. Die südliche Gartenfront ist großflächig bis fast auf den Boden befenstert. Der Südostflügel beherbergt eine Loggia. Er ist wie der Ostflügel wegen des abfallenden Terrains zweigeschossig.

Besonderheiten:
Das Haus Süren hat einen ›freien‹ Grundriß. Das flache und weit überstehende Dach ist vermutlich als gewollte Anpassung an die örtliche Bautradition zu verstehen. Die Befensterung der Südseite erinnert an den Bungalow-Stil der fünfziger Jahre in Mitteleuropa. An Bau-Schmuck fallen nur die geschwungenen Enden der Dachsparren und die Fenstergitter der Nordfront auf. Das übrige Haus ist betont schlicht.

Erhaltungszustand:
Original erhalten.

Quellen:
Im Nachlaß Bonatz befinden sich ein Auslagenverzeichnis für die Monate April bis Mai 1954, Entwurfsskizzen, Lagepläne, Grund- und Aufrisse, Schnitte, alle vom April und Mai 1954, zeitgenössische Fotos sowie ein Brief von Bonatz an Sami Ozan, Istanbul, vom 5. Oktober 1955. Gespräche mit Rona Ozan, Istanbul, am 29. Oktober und am 21. November 1986.

Veröffentlichungen:
Stuttgarter Beiträge, XIII, 1977, S. 87; *Süddeutsche Bautradition im 20. Jahrhundert*, a.a.O., S. 117.

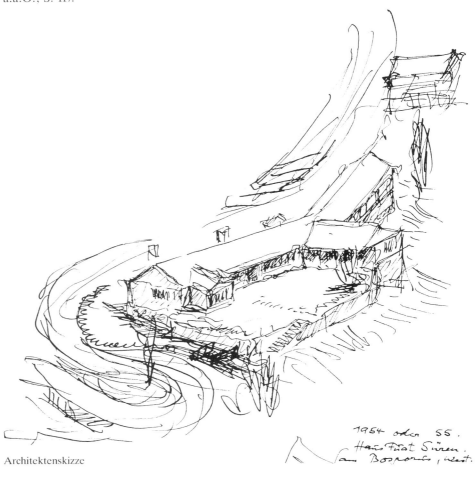

Architektenskizze

Ansicht von Nordosten

Ansicht von Süden

Entwurf für das Haus Ozan

Anschrift: Istanbul-Bebek
Planungsjahr: 1954–55
Bauherr: Sami Ozan

Kurzbeschreibung:
Das Haus Ozan (Maße ca. 27 × 12 m) wäre am selben Südhang wie das Haus Süren, nur etwa 24 m höher gelegen, erbaut worden. Der zweigeschossige Baukörper hat ein Flachdach. An der Nordfront springt links ein Risalit vor. Rechts davon liegt der Hauseingang, der von einem Vordach betont wird. Rechtwinklig zum Haus befindet sich rechts eine Garage mit Satteldach. Von den fünf Achsen der südlichen Gartenfront sind die drei mittleren in beiden Geschossen als Loggia ausgebildet. Links lagert sich ein Altan vor das Haus. Rechts erstreckt sich eine Pergola weit in den Garten hinein. Dieser ist auf drei Seiten durch hohe Stützmauern begrenzt. Im rechten Teil der Westfront sitzt ein zweigeschossiger Erker.

Besonderheiten:
Zum ersten und einzigen Mal entwirft Bonatz hier ein Wohnhaus mit Flachdach. Mit den ›festungsartigen‹ Stützmauern für den Garten nimmt Bonatz einen besonders deutlichen Eingriff in das Landschaftsbild vor.

Erhaltungszustand:
Der Entwurf gelangte nicht zur Ausführung, weil die Stützmauern vom Bauherrn als unschön und im Verhältnis zum Haus als zu groß abgelehnt wurden.

Quellen:
Im Nachlaß Bonatz befinden sich Entwurfsskizzen, Lagepläne, Grund- und Aufrisse sowie Briefe von Bonatz und Sami Ozan aus den Jahren 1954–55. Gespräche mit Rona Ozan, Istanbul, dem Sohn von Sami Ozan, am 29. Oktober und am 21. November 1986.

Veröffentlichungen:
Stuttgarter Beiträge, XIII, 1977, S. 87; *Süddeutsche Bautradition im 20. Jahrhundert*, a.a.O., S. 117.

Architektenskizze

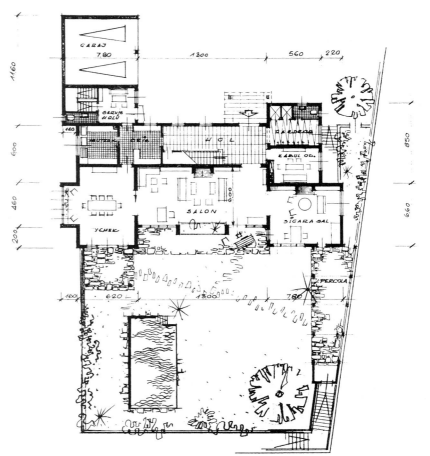

Grundriß Erdgeschoß

Schematische Grundrisse

Die folgenden schematischen Grundrisse sind im Maßstab 1:1000 gezeichnet, wobei Norden oben ist. Die rechts der Grundrisse stehenden Ziffern und Abkürzungen geben an:

1. Objekt
2. Baujahr
3. Anzahl der Geschosse
4. Lage
5. Dachform

Die Abkürzungen bedeuten:

3g	=	dreigeschossig
SH	=	Südhang
M	=	Mansardendach
W	=	Walmdach
E	=	Ebene
NH	=	Nordhang
AH	=	Anhöhe
S	=	Satteldach
OH	=	Osthang
NOH	=	Nordosthang
HG	=	hügeliges Gelände
F	=	Flachdach

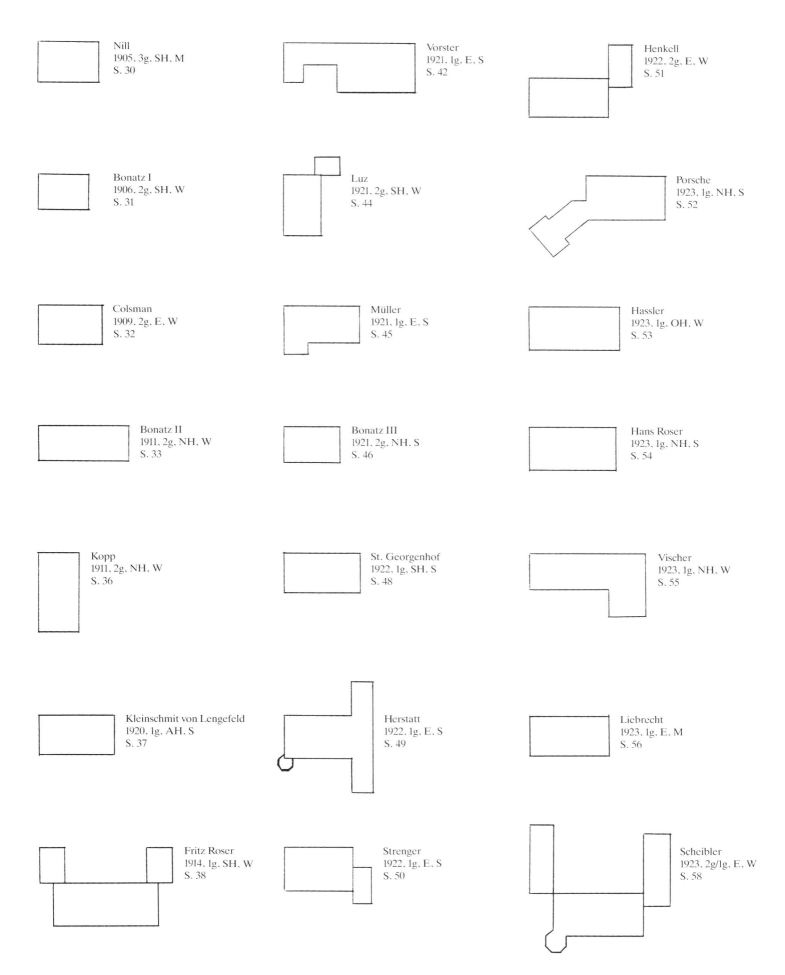

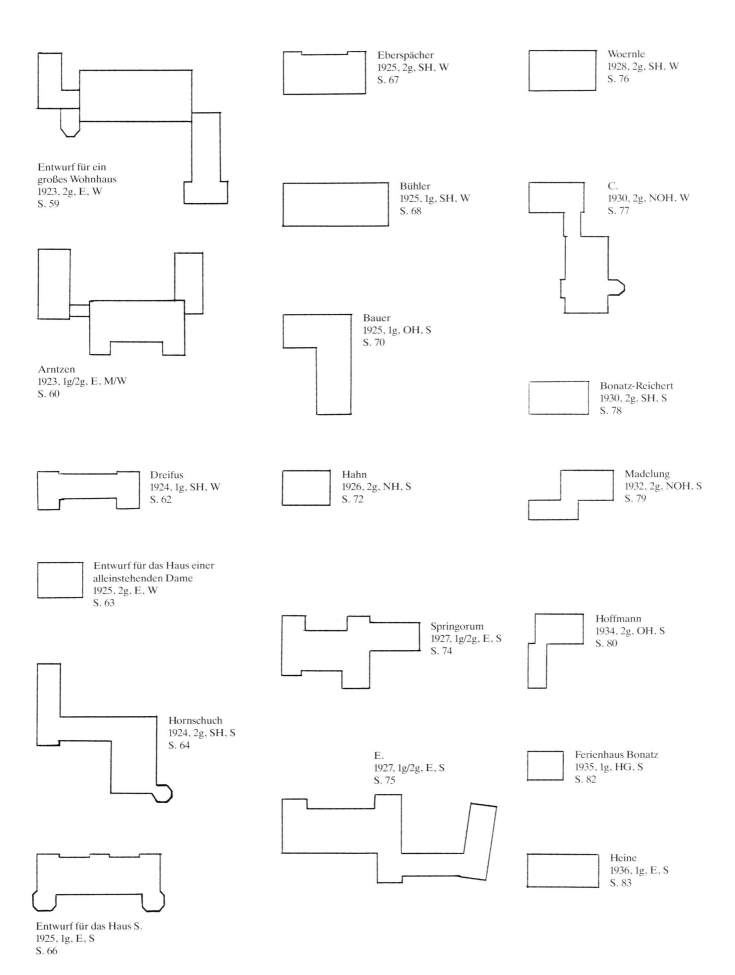

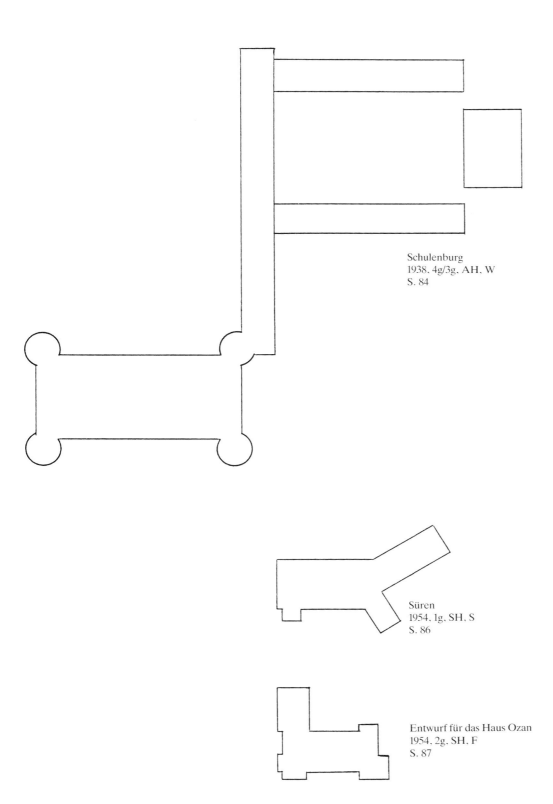

Schulenburg
1938, 4g/3g, AH, W
S. 84

Süren
1954, 1g, SH, S
S. 86

Entwurf für das Haus Ozan
1954, 2g, SH, F
S. 87

Biographie Paul Bonatz

Paul Bonatz 1934

1877 Am 6. Dezember in Solgne bei Metz (Lothringen) geboren.

1881–87 Kindheit in Rappoltsweiler (Elsaß).

1888–96 Gymnasialzeit in Hagenau (Elsaß).

1896 Abitur, dann Beginn des Studiums in München (zwei Semester Maschinenbau).

1897 Beginn des Architekturstudiums.

1899 Sommersemester in Berlin, Gewinner des Münchner Hochschulpreises, erster Kontakt mit Theodor Fischer.

1900 Diplom, erste Studienreise nach Oberitalien.

1900–01 Mitarbeiter von Theodor Fischer auf dem Stadtbauamt München, Studienreise nach Süditalien.

1902 Heirat.

1902–06 Assistent von Theodor Fischer an der Technischen Hochschule Stuttgart, dazu bis 1904 Lehrauftrag: ›Bauformenlehre für Ingenieure‹.

1907 Auftrag für Sektkellerei Henkell nach engerem Wettbewerb.

1908 Berufung als Nachfolger von Theodor Fischer an die Technische Hochschule Stuttgart (Lehrtätigkeit bis 1943).

1910 Beginn der Zusammenarbeit mit dem Studienfreund Friedrich Eugen Scholer, 1. Preis im Wettbewerb für die Stadthalle Hannover.

1910–12 Bau der Universitätsbibliothek Tübingen.

1911 Studienreise nach Sizilien, 1. Preis im Bahnhofswettbewerb Stuttgart, Bau des eigenen Hauses in der Gellertstraße.

1913 Studienreise nach Ägypten.

1914 Beginn des Ersten Weltkriegs, als Freiwilliger zur Infanterie, aus gesundheitlichen Gründen bald wieder entlassen.

1914–17 Rohbau des ersten Bauabschnitts Hauptbahnhof Stuttgart.

1916 Reise nach Konstantinopel anläßlich des Wettbewerbs für ein deutsch-türkisches Freundschaftshaus.

1917 Als Landsturmmann in Polen, Gestaltung von Gefallenen-Gräbern zusammen mit dem Bildhauer Ulfert Janssen.

1919 Reform des Studiengangs für Architekten an der TH Stuttgart, Entstehungszeit der ›Stuttgarter Schule‹ mit den Professoren Schmoll von Eisenwerth, Fiechter und Janssen, Schmitthenner, später Wetzel und Keuerleber.

1920 Städtebauliche Planung für Köln als Gegenvorschlag zum Plan von Fritz Schumacher.

1922 Eröffnung des 1. Bauabschnitts des Stuttgarter Hauptbahnhofs.

1924/25 Studienreisen nach Stockholm und Spanien.

1926 Erster Bebauungsvorschlag für die Werkbundsiedlung am Weißenhof in Stuttgart, keine Einigung bei der Zusammenarbeit mit Mies van der Rohe, Ausscheiden aus dem Planungsgremium.

1926–33 Mitarbeit bei den Staustufen des Neckarkanals.

1928 Fertigstellung des Stuttgarter Hauptbahnhofs.

1930 Preisrichter beim internationalen Wettbewerb für Groß-Madrid.

1932–36 Bau des Kunstmuseums in Basel mit Rudolf Christ.

1933 Machtübernahme durch die Nationalsozialisten, Bruno Taut ist auf der illegalen Durchreise von Moskau in die Schweiz im Haus Bonatz zu Gast, Denunzierung, Verhör durch die Gestapo.

1935–41 Mitarbeit beim Bau der Reichsautobahn, Gestaltung von Brücken, Schulung von Architekten und Ingenieuren.

1937 Weltausstellung Paris, Mitglied der Jury, Freundschaft mit Auguste Perret.

1939–43 Zusammenarbeit mit Speer, Planungsaufträge für das Marineoberkommando und Polizeipräsidium in Berlin und den Hauptbahnhof München.

1941 Herzkrankheit, Sanatoriumsaufenthalt in Baden-Baden.

1942 Preisrichter beim internationalen Wettbewerb für das Atatürk-Mausoleum in Ankara.

1943–46 Berater des türkischen Kultusministeriums in Ankara.

1944 Februar: Reise in die Türkei nach letztem Aufenthalt in Deutschland. August: Abbruch der diplomatischen Beziehungen Deutschland–Türkei.

1944–48 Bau einer Beamten-Wohnstadt und der Staatsoper in Ankara.

1946–53 Professor an der Technischen Universität in Istanbul.

1954 Rückkehr nach Stuttgart.

1956 Im Oktober Beginn der Bauarbeiten für den Wiederaufbau des Kunstgebäudes von Theodor Fischer in Stuttgart.
Am 20. Dezember 1956 in Stuttgart gestorben.

Quellen

Briefe von Paul Bonatz vom 22. Juli und vom Sommer 1923, vom 15. März 1924, vom 28. April 1931 (Bonatz erklärt seinen Austritt aus der Architektenvereinigung ›Der Block‹), vom 10. April 1941 (an Karl Schmidt-Hellerau), vom 8. September 1942 (an Paul Schmitthenner): alle im Nachlaß Bonatz.

Ein Brief von Heinrich Tessenow an Bonatz vom 8. Dezember 1936: im Nachlaß Bonatz.

Die Gehaltslisten des Büros Bonatz & Scholer haben sich weitgehend im Nachlaß Bonatz erhalten.

Vorträge aus dem Nachlaß Bonatz:
Hangbebauung in Stuttgart, Kritik und Ausblick, 2. März 1933; Die Erneuerung des Baurechts, 15. Dezember 1933; Die stilbildende Kraft technischer Bauten, 5. Dezember 1934; Repräsentative Bauten des Volkes, 13. Februar 1935; Das Zusammenwirken von Ingenieur und Architekt, 12. März 1936; Der Weg der deutschen Baukunst, 5. März 1943; Darmstädter Gespräch ›Mensch und Raum‹, 1951.

Mitteilungen und Briefe an den Verfasser:
Curtis Fremond, Wading River, N.Y., Briefe vom 13. Dezember 1985, 1. Januar und 22. Februar 1986, 7. Februar 1987; Günther Gruber, Stuttgart, Mitteilung vom 2. Dezember 1985; Iwan-D. Herstatt, Köln, Mitteilung vom 22. April 1986; Roland Kiemlen, Stuttgart, Mitteilungen vom 6. und 11. Dezember 1985, 23. Januar, 24. September und 3. November 1986; Klaus Liebrecht, Köln, Mitteilung vom 28. Mai 1986; F. Porsche, Stuttgart, Mitteilung vom 5. März 1987; Ulrich Reinhardt, Tübingen, Brief vom 28. November 1985; Grit Revellio, Stuttgart, Mitteilung vom 27. Juni 1986; Hans-Georg Roser, Stuttgart, Mitteilung vom 9. Dezember 1985; Hans von Saalfeld, München, Briefe vom 18. Dezember 1985, 13. Januar, 6. April, 18. und 30. Juni, 25. September, 28. Dezember 1986, Mitteilung vom 13. März 1986; Christoph Scheibler, Köln, Mitteilung vom 8. Juli 1986; Jósza Spemann-Balog, Winchester, Ma., Briefe vom 8. Dezember 1985, 19. Januar 1986, 12. Januar 1987; Wilhelm Tiedje, Stuttgart, Mitteilung vom 4. Dezember 1985; Werner Vorster, Van Nuys, Ca., Brief vom 2. Februar 1986.

Im Katalog werden weitere Quellen angegeben, die sich speziell auf die einzelnen Häuser beziehen.

Paul Bonatz, *Leben und Bauen*, Stuttgart 1950.

Die Angaben zur Biographie von Paul Bonatz wurden auszugsweise übernommen aus:
Paul Bonatz 1877–1956, Stuttgarter Beiträge, Heft 13, Stuttgart 1977.

Literatur

Arbeiten von Architekt Kurt Dübbers, Stuttgart, Sonderdruck aus den *Modernen Bauformen*, Julius Hoffmann Verlag, Stuttgart.
Moderne Bauformen, XII, 1913, S. 585–586, 588, 600–604, Tafel 99–100.
Moderne Bauformen, XVIII, 1919, S. 1–2, 9–13, 21–23.
Moderne Bauformen, XXIV, 1925, S. 73–100.
Moderne Bauformen, XXVIII, 1929, S. 11.
Moderne Bauformen, XXIX, 1930, S. 43–51.
Moderne Bauformen, XXXIII, 1934, S. 466–467, 469.
Moderne Bauformen, XXXV, 1936, S. 177–179.
Deutsche Bauhütte, XXXIV, 1930, S. 221.
Süddeutsche Bauhütte, VIII, 1908, S. 325, 331, Tafel 41–42.
Die Baukunst, IV, 1928, S. 112, 124–131.
Baukunst und Werkform, X, 1957, S. 63.
Baum, Julius, ›Das 20. Jahrhundert‹, in: W. Fleischhauer, J. Baum, St. Kobell, *Die Schwäbische Kunst im 19. und 20. Jahrhundert*, Stuttgart 1952.
Der Baumeister, VI, 1908, S. 64, Tafel 42–43.
Der Baumeister, XXVII, 1929, Seite vor Tafel 101.
Der Baumeister, XXXIII, 1935, S. 64–65.
Der Baumeister, XLV, 1948, S. 386.
Bautechnische Zeitschrift, XXIII, 1908, S. 117, 123.
Die Bauzeitung, XXV, 1928, S. 531.
Die Bauzeitung, LIII, 1948, S. 44.
Die Bauzeitung, LIV, 1949, S. 446–447.
Die Bauzeitung, LVIII, 1953, S. 30.
Bauzeitung für Württemberg, Baden, Hessen, Elsaß-Lothringen, V, 1908, S. 4–7.
Neudeutsche Bauzeitung, VI, 1910, S. 32–34.
Benevolo, Leonardo, *Geschichte der Architektur des 19. und 20. Jahrhunderts*, Bd. II, München 1984³ (1. Aufl. 1978).
Bentmann, Reinhard, Müller, Michael, *Die Villa als Herrschaftsarchitektur*, Frankfurt a.M. 1970.
Bernt, Adolf, *Deutsche Bürgerhäuser*, Tübingen 1968.
Blank, Gebhard, *Stuttgarter Villen im 19. Jahrhundert*, Eine Begleitschrift zur Ausstellung im Wilhelms-Palais vom 18. März bis 16. August 1987, Stuttgart 1987.
Bonatz, Paul, *Leben und Bauen*, Stuttgart 1950.
Bonatz, Paul, ›Welchen Weg geht die deutsche Baukunst?‹, in: *Baugilde*, XV, 1933, S. 833–835.
Paul Bonatz zum Gedenken, Technische Hochschule Stuttgart, Reden und Aufsätze 23.
Boniver, Denis, ›Paul Schmitthenner, Arbeiten aus drei Jahrzehnten‹, in: *Der Baumeister*, XLII, 1944, S. 1–29.
Der Cicerone, XVII, 1925, S. 802, 806, 809.
Döcker, Richard, ›Das Problem des Daches‹, in: *Die Kunst*, XXXI, 1930, S. 41–44.
Eckstein, Hans, *Neue Wohnbauten*, München 1932.
Engel, Michael, *Geschichte Dahlems*, Berlin 1984.
Fahrenkamp, Emil, ›Ein Backsteinhaus von E. Fahrenkamp‹, in: *Deutsche Kunst und Dekoration*, Bd. 42, 1918, S. 74–76.
Forthmann, Heinrich, *Architekt*, Köln o.J.
Frank, Hartmut, *Monumente im ›Arbeitsstil‹*, Manuskript.
Fries, Heinrich de, *Moderne Villen und Landhäuser*, Berlin 1924.
Garten und Haus, Die schönsten deutschen und ausländischen Wohngärten und ihre Einbauten, hg. von Herbert Hoffmann, Stuttgart 1951³.
Gruber, Günther, ›Der Baumeister Paul Bonatz‹, in: *Bauen und Wohnen*, III, 1948, S. 149–154.
Haenel, Erich, Tscharmann, Heinrich, *Das Einzelwohnhaus der Neuzeit*, 2 Bände, Leipzig 1909.

Haspel, Jörg, Zänker, Jürgen, ›Die Holzsiedlung auf dem Stuttgarter Kochenhof 1933‹, in: *Arch +*, Dezember 1983, S. 51–56.

Haus und Raum, Bd. I: *Neue Villen*, Stuttgart 1933.

Der Industriebau I, 1910, S. 113–115.

Inventur, Stuttgarter Wohnbauten 1865–1915, hg. vom Landesdenkmalamt Baden-Württemberg, Stuttgart 1975.

Joedicke, Jürgen, ›Über Architektur und Architekturlehre in Stuttgart‹, in: *Bauen und Wohnen*, XXXVI, 1981, S. 46–55.

Karlinger, Hans, *Theodor Fischer, Ein deutscher Baumeister*, München 1932.

Klapheck, Richard, ›Neue Baukunst in den Rheinlanden, Eine Übersicht unserer baulichen Entwicklung seit der Jahrhundertwende‹, in: *Zeitschrift des Rheinischen Vereins für Denkmalpflege und Heimatschutz*, XXI, 1928, S. 1–205.

Köln, Denkmälerverzeichnis, 12.3, Stadtbezirke 2 und 3, Rodenkirchen und Lindenthal, hg. von der Stadt Köln, Köln 1984.

Krause, Carl, *Das Zeichnen des Architekten*, Berlin (Ost) 1981.

Krins, Hubert, ›Die Arbeitersiedlung Zeppelindorf bei Friedrichshafen‹, in: *Denkmalpflege in Baden-Württemberg*, VIII, 1979, S. 46–56.

Dekorative Kunst, XXXI, 1927, S. 1–7.

Die Kunst, XXII, 1921, S. 129–133.

Die Kunst, XXIV, 1922/23, S. 113–118.

Lampugnani, Vittorio Magnago, *Architektur unseres Jahrhunderts in Zeichnungen, Utopie und Realität*, Stuttgart 1982.

Leonhardt, Fritz, ›Bonatzens Mitwirkung beim Brückenbau‹, in: *Paul Bonatz, Gedenkfeier zum 100. Geburtstag*, Universität Stuttgart, Stuttgart 1978, S. 11–16.

Ley, Andreas, *Die Villa als Burg, Ein Beitrag zur historistischen Architektur des 19. und 20. Jahrhunderts im südlichen Bayern*, Auszug aus einer Dissertation, o.O. o.J.

Linfert, Carl, ›Die Grundlagen der Architekturzeichnung‹, in: *Kunstwissenschaftliche Forschungen*, Bd. 1, 1931, S. 133–244.

Magyar Epitömüv, Nr. 2, 1974, S. 50–53.

May, Ernst, ›Das flache Dach‹, in: *Die Bauzeitung*, XXV, 1928, S. 2–4, 10, 531, 535.

Merten, Klaus, ›Die großbürgerliche Villa im Frankfurter Westend‹, in: *Studien zur Kunst des 19. Jahrhunderts, Bd. 24: Die Stadt im 19. Jahrhundert*, München 1974, S. 257–272.

Müller-Wulckow, Walter, *Wohnbauten und Siedlungen*, Königstein-Leipzig 1928.

Muthesius, Hermann, *Das englische Haus*, 3 Bände, Berlin 1904.

Muthesius, Hermann, *Die schöne Wohnung*, München 1922.

Muthesius, Hermann, *Landhaus und Garten*, München 1925.

Nerdinger, Winfried, ›De l'épure baroque à l'axonométrie, l'évolution du dessin d'architecture en Allemagne‹, in: *Images et imaginaires d'architecture*, Ausstellungskatalog des Centre Pompidou, Paris 1984, S. 38–41.

Der Neubau, VII, 1925, S. 111–114.

Nieto, X., Bellmunt, J., ›Paul Michael Nikolaus Bonatz 1877–1956‹, in: *Jano Arquitectura*, Nr. 45, 1977, S. 33–40.

Norberg-Schulz, Christian, *Genius Loci, Landschaft, Lebensraum, Baukunst*, Stuttgart 1982.

Offenberg, Gerd, *Mosaik meines Lebens*, Privatvervielfältigung.

Pehnt, Wolfgang, ›Architektur‹, in: *Deutsche Kunst der 20er und 30er Jahre*, hg. von Erich Steingräber, München 1979.

Pfister, Rudolf, *150 Eigenheime*, München 1951[7] (1. Aufl. 1932).

Pfister, Rudolf, *130 Eigenheime*, München o.J.

Platz, Gustav Adolf, *Die Baukunst der neuesten Zeit*, Berlin 1927.

Der Profanbau, VII, 1911, S. 72–75, 91–92.

Richter, Wolfgang, Zänker, Jürgen, *Der Bürgertraum vom Adelsschloß, Aristokratische Bauformen im 19. und 20. Jahrhundert*, Reinbek 1988.

Roerig, Ute, ›Architektur und Natur, Zur Architekturtheorie im 20. Jahrhundert‹, in: *Zeitschrift für Ästhetik und Allgemeine Kunstwissenschaft*, Bd. XV, 1970, S. 200–236.

Scheffler, Karl, *Die Architektur der Großstadt*, Berlin 1913.

Schmitthenner, Paul, *Baugestaltung, Das deutsche Wohnhaus*, Stuttgart 1950.

Schmitthenner, Paul, *Gebaute Form, Variationen über ein Thema. Mit 60 Zeichnungen im Faksimile. Aus dem Nachlaß bearbeitet und herausgegeben von Elisabeth Schmitthenner*, Leinfelden-Echterdingen 1984.

Schultze-Naumburg, Paul, *Kulturarbeiten, Bd. I: Hausbau*, hg. vom Kunstwart, München o.J.

Schultze-Naumburg, Paul, ›Das einfache Haus‹, in: *Deutsche Kunst und Dekoration*, Bd. 49, 1921/22, S. 60–68.

Schultze-Naumburg, Paul, *Flaches oder geneigtes Dach? Mit einer Rundfrage an deutsche Architekten und deren Antworten*, Berlin 1927.

Schumacher, Fritz, *Strömungen in deutscher Baukunst seit 1800*, Leipzig 1935.

Sembach, Klaus-Jürgen, ›Fünf Villen des frühen 20. Jahrhunderts‹, in: *DU*, XXXV, 1975, Heft 9, S. 10–49.

Sörgel, Hermann, ›Wohnhäuser‹, in: *Handbuch der Architektur, begründet von Eduard Schmitt, Vierter Teil: Entwerfen, Anlage und Einrichtung der Gebäude*, 2. Halbband, Heft 1, Leipzig 1927.

Späth-Buch 1720–1930, hg. von L. Späth, Berlin 1930.

Stuttgart-Handbuch, hg. von Hans Schleuning, Stuttgart 1985.

Stuttgart, Das Buch der Stadt, hg. von Fritz Elsas, Stuttgart 1925.

Stuttgarter Beiträge, XIII, 1977.

Süddeutsche Bautradition im 20. Jahrhundert, Architekten der Bayerischen Akademie der Schönen Künste, Ausstellung im Königsbau der Münchner Residenz, 14. März bis 10. Mai 1985, München 1985.

Tamms, Fritz, *Paul Bonatz, Arbeiten aus den Jahren 1907 bis 1937*, Stuttgart o.J. (1937).

Taut, Bruno, *Der neue Wohnbau*, hg. von der Architekten-Vereinigung ›Der Ring‹, Leipzig–Berlin 1927.

Tessenow, Heinrich, *Wohnhausbau*, München 1927[3].

Tiedje, Wilhelm, in: *Paul Bonatz, Gedenkfeier zum 100. Geburtstag*, Universität Stuttgart, Stuttgart 1978, S. 17–27.

Velhagen & Klasings Monatshefte, LXI, 1953, S. 26–32.

Viollet-le-Duc, Eugène, *Entretiens sur l'architecture*, Bd. II, Paris 1872.

Voigt, Wolfgang, ›Die Stuttgarter Schule und die Alltags-Architektur des Dritten Reiches‹, in: *Arch +*, Mai 1983, S. 64–71.

Wangerin, Gerda, Weiss, Gerhard, *Heinrich Tessenow, Ein Baumeister 1876–1950, Leben, Lehre, Werk*, hg. von der Heinrich-Tessenow-Gesellschaft, Essen 1976.

Wasmuths Monatshefte für Baukunst, I, 1914/15, S. 220, 223, Abb. 233.

Wasmuths Monatshefte für Baukunst, V, 1920/21, S. 281–282.

Wasmuths Monatshefte für Baukunst, XII, 1928, S. 476–487.

Werner, Frank, ›Paul Bonatz 1877–1956, Architekt ohne Avantgarde?‹, in: *Stuttgarter Beiträge*, XIII, 1977, S. 7–35.

Wiebking-Jürgensmann, Heinrich F. R., *Garten und Haus I, Das Haus in der Landschaft*, Berlin 1927.

Wingler, Hans, *Das Bauhaus, 1919–1933, Weimar–Dessau–Berlin und die Nachfolge in Chicago seit 1937*, Köln 1975[3].

Zeitschrift für das Baugewerbe, LVI, 1912, S. 5, Tafel 1.

Biographie Matthias Roser

* 1957 in Stuttgart.

Besuch der Freien Waldorfschulen in Stuttgart und Marburg; Abitur 1978, anschließend Zivildienst.

1980–85 Studium der Kunstgeschichte, Geschichte und Romanistik an den Universitäten Fribourg und Innsbruck; Abschluß mit dem Magister.

1985–87 Promotion an der Universität Stuttgart.

1985–90 Freiberuflich tätig im Denkmalschutz und in der Inventarisierung, zahlreiche Veröffentlichungen zum Denkmalschutz und zur Baugeschichte.

Seither im Kunsthandel tätig.

Fotonachweis

Nachlaß Bonatz, Stuttgart: Seite 31, 33–35, 37, 42–43, 44, 45, 46–47, 54, 58, 60–61, 62, 68–69, 76, 80, 82, 84–85, 86
Familie Nill, Stuttgart: Seite 30
Zeitschrift für das Baugewerbe, LVI, 1912: Seite 32
Hans-Georg Roser, Stuttgart: Seite 38–41
Geoplana-Verlag, Marbach: Seite 48
Heinrich de Fries, *Moderne Villen und Landhäuser*, Berlin 1924: Seite 50
Lore Neuhaus, Sindelfingen: Seite 55
Grit Revellio, Stuttgart: Seite 70–71
Margarete Hahn, Stuttgart: Seite 72–73
Moderne Bauformen, XXIX, 1930: Seite 75
Der Baumeister, XXXIII, 1935: Seite 79

Die Rechte für alle weiteren Abbildungen liegen bei dem Verfasser.